Günther Jakobs

Norm, Person, Gesellschaft

Wissenschaftliche Abhandlungen und Reden
zur Philosophie, Politik und Geistesgeschichte

Band 23

Norm, Person, Gesellschaft

Vorüberlegungen zu einer Rechtsphilosophie

Von

Prof. Dr. Dr. h.c. (mult.) Günther Jakobs

Dritte, erheblich veränderte Auflage

Duncker & Humblot · Berlin

Bibliografische Information der Deutschen Nationalbibliothek

Die Deutsche Nationalbibliothek verzeichnet diese Publikation in der Deutschen Nationalbibliografie; detaillierte bibliografische Daten sind im Internet über http://dnb.d-nb.de abrufbar.

1. Auflage 1997
2. Auflage 1999

Alle Rechte vorbehalten
© 2008 Duncker & Humblot GmbH, Berlin
Fremddatenübernahme und Druck:
Berliner Buchdruckerei Union GmbH, Berlin
Printed in Germany

ISSN 0935-5200
ISBN 978-3-428-12675-0

Gedruckt auf alterungsbeständigem (säurefreiem) Papier entsprechend ISO 9706 ♾

Internet: http://www.duncker-humblot.de

Vorwort

In diesem kleinen Buch argumentiere ich affirmativ zu der nicht gerade neuen, heute aber meist rasch verworfenen These, menschliche Individuen könnten *nicht* als solche, also aus eigener Kraft, eine normativ strukturierte Gesellschaft „gründen", und sich auf diesem Weg von Individuen zu Personen wandeln. Individualität ist *ein* Deutungsschema (Orientierungsschema), Normativität ein anderes, und jedes der beiden Schemata beruht auf einem eigenen Code (bildet ein eigenes System), und der jeweils andere Code bleibt extern (das eine System ist nicht Teil des anderen, sondern dessen Umwelt). Diese Sicht widerspricht modernen Versuchen, geordnete Sozialität auf einen Diskurs oder Konsens zwischen *Individuen* zu gründen (Inter*subjektivität;* besser wäre: Interindividualität) oder schlicht auf Menschenwürde, jedenfalls also auf Leistungen oder Auszeichnungen *Einzelner.* Die Sicht widerspricht auch einer (zumindest in der deutschsprachigen Rechtsphilosophie der Gegenwart verbreiteten) psychologisierenden Interpretation des – *sit venia verbo* – objektiven Idealismus *Hegels.* Deshalb wundert es mich nicht, dass manche Leser, zu meiner Freude aber nicht alle, die beiden Vorauflagen (1997, 1999) mit „spitzen Fingern" angefasst haben. Auf kritische Stellungnahmen versuche ich in dieser dritten Auflage zu antworten, und die Autoren dieser Stellungnahmen werden meine Reaktionen im Text leicht finden, auch wenn ich auf Nachweise meist verzichte (man lese das Büchlein als Positionsbestimmung, nicht als Diskussionsbericht, und schon gar nicht als kleines Lehrbuch.).

Normative Institutionen können nur dann im Alltag (und nicht allein in irgendwelchen ausgedachten Szenarien) orientieren, wenn sie kognitiv untermauert sind; denn der Leib einer Person ist auch Leib eines Individuums, das nun einmal sein Auskommen finden will (IV D). Diesen Zusammenhang der normativen und der kognitiven Lage habe ich durchgehend verstärkt herausgestrichen, etwa in dem Abschnitt zur Reaktion auf Störungen (IX) und dort insbesondere bei den Bemerkungen zur Funktion des Straf*schmerzes*. Die gegenüber den Vorauflagen präzisierten Ausführungen werden durch den neuen Abschnitt „Person und Zwang" (VIII) vorbereitet.

Zu einigen Einzelheiten der in dieser Auflage erweitert dargestellten Zurechnungslehre (IX A) wurde kritisch eingewendet, solche Details seien aus einem Ansatz der gegebenen Abstraktheit nicht herzuleiten. Dieser Einwand ist richtig, und ich hoffe, nunmehr hinreichend klargestellt zu haben, dass es mir auch nicht darauf ankommt, alle Einzelheiten ein für alle Mal zu fixieren, und dass jede andere Konkretisierung falsch wäre; vielmehr will ich zeigen, *wie* zu konkretisieren ist, nämlich mit stetem Blick auf die Bestandsbedingungen einer normativ verfassten Gesellschaft, wobei die Konkretisierung je nach der Grundgestalt dieser Gesellschaft zu anderen Ergebnissen führen mag.

Wie bei den Vorauflagen mag der Leser die Lektüre mit der – jetzt erweiterten – Zusammenfassung beginnen; er wird dann zumindest ahnen, wohin die Reise geht.

Den Geschäftsführern des Verlags Duncker & Humblot GmbH, Herrn Prof. Dr. h. c. *Norbert Simon* und Herrn Dr. *Florian Simon*, danke ich sowohl für die Ermunterung zu einer gründlichen Neubearbeitung als auch für das stetige Präsent-Halten der Vorauflage. Mein Dank gilt ferner Frau Referendarin *Julia Lohsse*, die den gesamten Text mit der ihr eigenen großen Gründlichkeit korrigiert hat.

Bonn / St. Augustin, im Juni 2008 *Günther Jakobs*

Inhaltsverzeichnis

I. Ein isoliertes menschliches Individuum 9

II. Zwei Individuen nebeneinander 13

   A. Gegenseitige Beeinflussung 13

   B. Grenzen einer Kooperation 17

   C. Vertrag? 20

III. Koordination einer Gruppe durch Gewalt 23

IV. Person, Subjekt, Gesellschaft 28

   A. Ordnungsschemata 28

      1. Ordnung der Individuen 28

      2. Ordnung der Gruppe 31

   B. Anerkennung? 34

   C. Objektivität der Person 37

   D. Person und Leib 41

   E. Verhältnis von Individuum und Person 43

      1. Nochmals: unterschiedliche Ordnungen 43

      2. Nochmals: Gewalt als Anfang? 48

V. Wirklichkeit der Norm 50

   A. Modelle 50

   B. Verhaltensleitung? 52

   C. Norm und Subjekt 53

   D. Wirklichkeit der Norm als Prozess 55

   E. Gemengelagen 57

VI. Gesellschaft als Verständigung 61

   A. Kognitives 61

   B. Normatives 65

VII.	Innerlichkeit	70
	A. Notwendigkeit von Subjektivität?	70
	B. Subsidiarität der Subjektivität?	74
	C. Nochmals: nur Verstand?	78
VIII.	Person und Zwang	80
	A. Begriff des Zwangs	80
	B. Selbst-Depersonalisierung	83
	C. Zwangs-Entpersonalisierung	84
IX.	Reaktion auf Störungen	87
	A. „Verletzung des Rechts als Rechts"?	87
	B. Zurechnung	88
	1. Modelle	88
	a) Nur-formelle Personalität	88
	b) Selbststeuerung	92
	c) Gesellschaftliche Verhaltensbedeutung	95
	2. Schuld und Zumutbarkeit	99
	a) Individuelles Auskommen	99
	b) Bestand der Ordnung	103
	C. Sanktion: Erhaltung normativer Wirklichkeit	108
	1. Verlust der Personalität?	108
	2. Marginalisierung der Tat	111
	a) Strafe als Widerspruch	111
	b) Strafe als Schmerz	113
	D. Normbrecher und Externe	116
X.	Wirtschaft als Gesellschaft	119
	A. Statusprobleme	119
	B. Definitionsmacht der Wirtschaft	122
XI.	Universalisierung?	127
XII.	Thesen	132
Literaturverzeichnis		136

I. Ein isoliertes menschliches Individuum

Gedacht sei ein einsam lebender Mensch, ohne jedes Wissen von anderen Menschen. Die Sequenz seiner Wahrnehmungen wird das Individuum nach einem Schema von Lust und Unlust ordnen, und es wird danach trachten, das Lust Bringende herbeizuführen und das Unlust Bringende zu meiden. Zeit und Anlass für Versuche und deren Korrekturen vorausgesetzt, wird es seinen Stand optimieren, solange der hierzu erforderliche Aufwand das Ergebnis nicht überwiegt. Wie weit es praktisch voranschreitet, hängt von kontingenten Bedingungen ab: was es als Lust und Unlust empfindet, wie schnell sein Verstand das Erfahrene verarbeitet, wie günstig die Umweltbedingungen sind und anderes mehr, – theoretisch hindert es nichts an hoher Vollendung.

Was kann ein solcherart einsames Individuum von der Welt wissen, in der es sich arrangiert? Die Welt ist ihm als ein Gefüge aus lustvollen und unlustvollen Zuständen bewusst. Alles was seine Sinne affiziert, was ihm jedenfalls als Affizierung seiner Sinne erscheint, Träume eingeschlossen, wird einzig nach dem Schema von Lust und Unlust geordnet und verarbeitet. Es gibt für das Individuum keine objektive, im Sinne einer von ihm gelösten Welt, weil es das genannte Schema nicht übersteigen kann; alles ist homogen das Seine. Da nichts ohne es ist, ist es überall, unbeschränkt, was heißen soll: Was ihm auch immer bewusst sein mag, ist *seine* Lust oder Unlust.

Damit teilt es die Stellung all dessen, was überall, unbeschränkt ist: Wie das Unbeschränkte nicht erfasst werden kann, weil es allem Erfassbaren eigen ist, also auch dem Hintergrund, vor dem es sich abheben müsste, wenn es isoliert zu erfassen sein soll, so kann auch der einsam Vegetierende sich selbst nicht erfassen (sei es durch Wahrnehmung oder in Gedanken); denn Vordergrund wie Hintergrund sind das Seine, taugen also nicht dazu, etwas als das Seine zu isolieren. Ein Beispiel mag das erläutern: Wäre alles, was ein Individuum sieht, von einem homogenen Grauschleier überzogen (der Schleier steht unabhängig von seiner Entstehung für das Seine) und wäre die Erinnerung an klar Gesehenes ausgelöscht, so würde das Graue zur Eigenschaft alles Sichtbaren, höbe sich vor keinem Hintergrund ab und könnte nicht als Besonderheit isoliert werden. – Ebenso wenig kann sich derjenige als vorhanden ausmachen, dessen eigene Ordnung schlechthin alles bestimmt.

Aber wird das einsame Individuum nicht wenigstens den eigenen Körper als seinen isolieren? Gewiss wird es ihn als einen ausgezeichneten Teil der Welt erleben: Hiermit, und nicht mit der Körperumgebung, nimmt es wahr; nur sein Körper, und nicht dessen Umgebung, schmerzt oder fühlt sich erfrischt an, nur ihn, und nicht etwa die Äste eines Baums, bewegt es unvermittelt etc. Aber diese und viele weitere Besonderheiten des Körpers sind für das einsame Individuum nur Besonderheiten innerhalb des homogen eigenen Erlebens. Der Schnee, der sich schmerzend kalt anfühlt, ist überhaupt nur in der Welt, weil das Individuum ihn als schmerzend kalt fühlt. Zwar differenziert es zwischen dem kalten Schnee und der Kälte fühlenden Hand, aber es erreicht damit kein Verständnis von sich selbst, da es in beidem gleichermaßen anwesend ist. Erst wenn es verstünde, dass Schnee mehr sein könnte als Grund für seine aktuelle Unlustempfindung, hätte es seine Unbeschränktheit aufgehoben.

Und was ergibt sich, wenn das einsam lebende Individuum seine Lebensäußerungen beobachtet? Es kann dies nur in einer Art und Weise tun, bei der sich nichts ergibt; denn die Beobachtung des eigenen Verhaltens ist eine zwar notwendige, nicht jedoch hinreichende Bedingung dafür, sich von der eigenen Welt zu isolieren. Eine solche Beobachtung ist eine Weise des eigenen Seins; das Eigene ist auch dabei unbeschränkt, da noch alles eigen und damit unbeschränkt ist. Erst wenn das Beobachtete sich vom Beobachtenden abhebt, wenn also ein

I. Ein isoliertes menschliches Individuum

Selbst etwas beobachtet, das nicht wiederum nur Selbst ist, bringt die Beobachtung mehr als eine Rekapitulation des schon Vorhandenen oder eine Erweiterung nach Art des Vorhandenen. Beispielhaft gesprochen: Ein fressendes Tier, das sieht, wie es frisst, ist ein fressendes Tier, das sieht, wie es frisst, – mehr nicht. Deshalb kann das einsame Individuum auch aus der Differenz des Erlebens im wachen Zustand und im Traum nichts folgern; es mag erfahren, dass sich an Traumerlebnisse meist schwierig anschließen lässt, an diejenigen im wachen Zustand eher in gewohnter Art – das mag sich jedoch auch umgekehrt verhalten (der geträumte Weg zu einem *locus amoenus* erweist sich nach dem Erwachen als gangbar) und verhilft jedenfalls nicht dazu, die Welt vom aktuellen Zustand des eigenen Bewusstseins und Empfindens zu scheiden.

Aber kann das einsame Individuum eine Differenz nicht in seinem Kopf erzeugen, also setzen, das Beobachtete sei nicht nur das Seine? Dass eine solche Geistestätigkeit des Individuums höchst unwahrscheinlich sein dürfte – wie etwa, es entwickele plötzlich im Kopf die Konstruktionszeichnung einer Dampfmaschine –, ist kein prinzipieller Einwand gegen die Möglichkeit dieser Setzung. Es sei deshalb angenommen, das einsame Individuum sei zu solcher Geistestätigkeit fähig und nutze seine Fähigkeit auch. Was wäre die Folge? Es fände ein Gedankenspiel statt, eines von unnennbar vielen, aber eben ein unverbindliches Spiel, ein Als-Ob, bei dem sich nichts ergäbe, was sich auf das Dasein des Einsamen auswirken könnte. Das Individuum macht ja nichts falsch und versäumt nichts, indem es unbeschränkt es selbst ist; in einer Welt, wie sie ihm hier zugeordnet wurde, bleibt ihm nur diese Möglichkeit, und die Bedingungen dieser Welt kann es allenfalls im unverbindlichen Spiel überwinden, also nur innerhalb seines Schemas des Welterlebens, was heißt, innerhalb seiner Unbeschränktheit (siehe *Luhmann*, S. 360).

Das Vorstehende ließe sich ausschmücken, aber nur im selben Stil, ohne Neuerungen, stets bliebe eine unbeschränkt eigene Welt. Dies sei zuletzt noch für den Fall verdeutlicht, in dem das einsame Individuum seine Vergangenheit und Zukunft beurteilt, also, wie es scheint, über sich reflektiert. Es scheint nur so:

Gesetzt sei der Fall, das Individuum habe die berauschende Wirkung gegorener Säfte entdeckt und stelle diese planmäßig her. Nach heftigem Genuss derselben werde ihm freilich unwohl. Während dieses Elends entwerfe es eine Zukunft mit nur mäßigem Genuss solcher Getränke; aber wenn es überhaupt damit wieder anfängt, überwiege die Lust am Genuss mit den angeführten Folgen. Kann es nicht, indem es sich rückblickend als Trinkendes ablehnt, zu einem Begriff von sich kommen, und sei es negativ: „Das nicht!"? Es wird dann Vorsorge treffen und nur so wenig Saft gären lassen, dass Mäßigkeit faktisch erzwungen wird. – Der Vorgang mag sich in der geschilderten Weise ereignen, aber er führt nicht zu einem Begriff des Individuums von sich selbst; denn auch mit der Festlegung „Das nicht!" überspringt es nicht seine eigenen Maßstäbe. Die Verarbeitung der durch das Schema von Lust und Unlust gegebenen Wirklichkeit erfordert Vorsorge vor Unbeherrschbarem, wenn Lust sicher maximiert werden soll; deshalb muss dem Individuum bewusst werden, dass es als trinkendes anders urteilte oder urteilen wird als jetzt rückblickend oder vorausschauend. Aber dieses Bewusstsein von seinem Bewusstsein wird in die homogen eigene Welt von Lust und Unlust eingeordnet: Ein Blick auf sich im Spiegel der Vergangenheit oder in einer Projektion in die Zukunft gleicht einem Blick in einen wirklichen Spiegel; es zeigt sich vielleicht ein bis dahin nicht sichtbarer Teil der Welt (etwa bei der Spiegelung des eigenen Antlitzes), aber es zeigt sich keine Welt mit einer neuen Ordnung.

II. Zwei Individuen nebeneinander

A. Gegenseitige Beeinflussung

Die Welt des einzelnen Individuums werde nunmehr um ein zweites – bis dahin gleichfalls: – einsames Individuum angereichert. Was folgt daraus? *Per se* wird die Welt komplizierter, aber sie verliert nicht notwendig auch die Eigenschaft, nur eine eigene – bei nunmehr zweien genauer: *je* eigene – Welt zu sein. Bei *Rousseau* heißt es zu dieser Lage (neben sonstigem, dem, wie noch zu zeigen sein wird, nicht zugestimmt werden kann): „Er (der Mensch) fühlte nur seine wirklichen Bedürfnisse und beachtete bloß, was er für sich von Interesse glaubte …" (Ungleichheit, S. 184). Das ist wie folgt zu lesen: Was seine Bedürfnisse und Interessen waren, bestimmte das Individuum ohne Blick auf die Bedürfnisse und Interessen anderer Individuen; es kannte also nur die von seinem Schema erschlossene Lust oder Unlust.

Die Sicht, nach der das Individuum in seinem eigenen Schema agiert und empfindet, schließt ein Zustandekommen von Gemeinsamkeit, ja ein Sich-Aufopfern für den anderen nicht aus: Wenn das Opfer dem dabei vergehenden Individuum zur Lust oder auch nur zur Vermeidung von Unlust verhilft, wird es von ihm erbracht werden. Es besteht freilich wenig Anlass zu der Annahme, die Natur habe die menschlichen Individuen so eingerichtet, dass zwischen ihnen Harmonie herrsche oder dass gar die Förderung der Gattung Lust des einzelnen sei. Auch wenn die Natur es dem Menschen nahe legt, weiterzuleben und sich zu paaren, so doch bei ansonsten weitem Abbau allen „Festgestelltseins", also für ein „Mängelwesen" (*Gehlen*, Mensch, S. 20 und passim), dessen Verhalten von Natur aus unkalkulierbar ist (*Vogel*, S. 103).

Was also auch immer eine Ordnung nach dem Schema von Lust und Unlust ergeben mag, wird schon mangels Berechenbarkeit keine harmonische Gemeinsamkeit sein, wenn nicht dieses natürliche Defizit kompensiert wird. Dabei kann hier dahinstehen, ob – mit *Aristoteles* – die Kompensation in der Natur angelegt ist, so dass „der Staat zu den von Natur bestehenden Dingen gehört und der Mensch von Natur ein staatliches Wesen ist" (S. 4 [1253 a]), oder ob mit der Aristoteles-Kritik von *Hobbes* die natürliche Gemeinsamkeit auf das Zusammenleben von „Bienen und Ameisen" beschränkt bleibt: „Die Übereinstimmung dieser Lebewesen ist natürlich, die der Menschen beruht auf Vertrag, der künstlich ist" (S. 133 f.). Danach folgt eine gemeinsame Ordnung nicht schon aus dem individuellen Lust-Unlust-Schema *per se*, sondern allenfalls vermittelt über Einsicht in die Ordnung der Natur.

Wenn ein Individuum einem anderen begegnet, wird es feststellen, dass dieses Stück der Umwelt gegenüber dem ihm bislang Bekannten ausgezeichnet ist: Das andere Individuum erstrebt, was das eine erstrebt, und flieht, was dieses flieht. Das mag zur Konkurrenz führen, etwa beim Streit um Früchte – man wird sich dann wohl gegenseitig aus dem Weg zu räumen suchen, was bei einiger Gründlichkeit dieses Unternehmens heißt: kurzerhand erschlagen –, aber auch zur Kooperation, etwa beim Wegrollen eines Felsbrockens, der für ein einzelnes Individuum zu schwer ist. Dabei kann dahingestellt bleiben, was sich wahrscheinlich ereignet (bei Knappheit von Gütern – die Vorteile von Kooperation sind noch unbekannt – Kampf; bei Überfluss – also Unkenntnis von Not – interessiertes Beobachten und darauf folgende Kooperation?) und was eher unwahrscheinlich ist; es geht einzig um die Verträglichkeit der Lage mit einer je eigenen Welt.

Wenn es überhaupt zu Kooperationen kommt, und seien sie so dürftig wie ein gegenseitiges Sich-Wärmen in einer kalten Nacht, so muss ein Individuum ein anderes stimulieren können, sich in bestimmter Weise zu verhalten. Es muss also lernen, was das andere zu einem bestimmten Verhalten bringt.

A. Gegenseitige Beeinflussung

Im einfachsten Fall gehört dazu nur, was auch manches Tier leisten kann (etwa mit einem Stoß gegen das andere dessen Aufmerksamkeit zu erregen). Mehr als solche Kooperationen, die im Auslösen einer einzigen Reaktion oder einer Sequenz vorgeformter Reaktionen bestehen, sind nur möglich, wenn das Individuum antizipiert, dass das andere wahrnimmt und Wahrgenommenes nach einem bestimmten Schema verarbeitet – freilich nicht als solchermaßen abstrakte Antizipation, sondern konkreter: dass das andere sieht, hört, fühlt, riecht und einiges anstrebt, etwa mäßige Wärme, und anderes flieht, etwa Hitze und Kälte.

Bei diesem praktischen Wissen um die Beeinflussbarkeit des anderen mag es bleiben; es mag aber auch irgendwann die – weitgehende – Identität der jeweiligen Schemata der Weltverarbeitung bewusst werden. Man kann sich diesen Wissenserwerb äußerlich angeregt vorstellen: Das schmerzverzerrte Gesicht des anderen, der sich die Hand verletzte, erinnert an das Gesicht des Individuums selbst, als es seine verletzte Hand ins Wasser tauchte und sich in dessen Spiegel sah. Wie dem auch sei, dieses Wissen, so es sich denn ereignet, führt nicht dazu, die Welt mit dem anderen zu teilen, sondern es ist ein Wissen innerhalb der nach wie vor unbeschränkt eigenen Welt. Zur eigenen Welt gehört nunmehr neben Steinen und Bäumen, die in das Schema von Lust und Unlust eingeordnet werden, auch ein anderes Individuum mit einem Bewusstsein und einem Verarbeitungsschema, aber, und das entscheidet, dessen Bewusstsein und dessen Verarbeitungsschema sind – Wie sollte es anders sein? – für das erste Individuum nur innerhalb seiner Ordnung der Welt nach dem eigenen Lust-Unlust-Schema gegenwärtig. Die Wahrnehmung der Welt und die Ordnung des Wahrgenommenen nach einem Schema erstreckt sich jetzt auch auf einen anderen, der wahrnimmt und ordnet – das ist alles.

Die Art und Weise, in der solche Kooperation zustande kommt, kann am Beispiel der Zusammenarbeit mit einer anfangs unbekannten, von mehreren Menschen gebildeten Organisation erläutert werden: Es gilt zu lernen, welche Zwecke die Organisation verfolgt, nach welchen Regeln Entscheidungen fallen, wie verlässlich die Entscheidungsmaximen sind etc.; zeigt sich eine hinreichende Stabilität, so lässt sich bestimmtes Verhalten planvoll stimulieren. Das unterscheidet sich im Grundsatz nicht von dem Umgang mit einem Tier oder einer Pflanze oder einer Maschine: Ein Instrument wird umso effektiver zur Optimierung eigener Lust eingesetzt, je besser sein Funktionieren begriffen worden ist. Aber selbst bei optimalem Begreifen bleibt das Instrument nur Instrument in der eigenen Welt dessen, der es anwendet.

Rousseau hat gemeint, der Zustand der Einsamkeit der nebeneinander lebenden Individuen sei mit der Entstehung von Sprache unverträglich (Ungleichheit, S. 143); das ist insoweit konsequent, als *Rousseau* in diesem Zustand mehr als instinktive Kooperation (geschlechtliche Vereinigung) nicht erwartet. Aber diese Erwartung ist falsch: Fertigkeiten erfordern als instrumentale Fertigkeiten, eine instrumentale Sprache eingeschlossen, nicht mehr als eine instrumentale Gemeinsamkeit, was heißt: Gemeinsamkeit zum Zwecke der Lustmaximierung in einer je eigenen Welt.

Dabei geht es hier – und wohl auch bei *Rousseau* – nicht darum, die wirkliche Genese der sozialen Welt nachzuzeichnen, sondern theoretische Stufen aufzuzeigen, und der Umgang mit anderen auf instrumentaler Stufe findet sich ubiquitär. Was soll, beispielhaft gefragt, beim Kauf eines Getränks den Unterschied zwischen der Bedienung eines Automaten und der Kooperation mit einem Verkäufer ausmachen, und welcher Flugpassagier fragt danach, ob ihn die Dienstleistung des Piloten oder die Automatenleistung der Maschine befördert?

Für eine Antwort kommt es nicht auf die praktische Ersetzbarkeit durch einen Automaten an; es entscheidet vielmehr, ob das andere Individuum einzig und allein als Instrument eingesetzt wird. Dies mag auch bei praktisch nicht automatisierbaren Vorgängen der Fall sein, etwa wenn große wirtschaftliche Projekte durchgeführt werden, zum Beispiel die Lieferung eines kompletten Automobilwerks in ein anderes Land. Falls die jeweilige Zweckerreichung kognitiv gesichert ist, etwa durch Lieferung Zug um Zug, ist es für jeden der Geschäftspartner irrelevant, ob der andere ein Mensch oder eine juristische Person oder auch von unbekannter Qualität ist – er ist sowieso nur als einsetzbares Instrument von Interesse; insoweit freilich, aber auch nur insoweit, muss er berechnet werden können.

B. Grenzen einer Kooperation

Setzt nicht die instrumentale Gemeinsamkeit eine für beide Individuen identische, somit auch außerhalb ihrer selbst bestehende und in dem Sinn objektive Welt voraus? Um das andere Individuum instrumental nutzen zu können, muss das eine wissen, was dessen Leib und dessen Bewusstsein determiniert, und es wird dabei eine breite Palette von Faktoren finden, die auch sein eigenes Dasein determinieren, ja es wird vielleicht sogar annehmen, die Faktoren seien überhaupt dieselben. Wenn das Individuum nicht wahrnimmt, dass auch das andere bestimmte Gegenstände sehen und bestimmte Geräusche hören kann, dass es in einem Wechsel von Tag und Nacht und in einem solchen der Jahreszeiten lebt etc., wird es nicht zu tauglichen Kooperationen kommen. Deshalb gehören zumindest einige parallele Einschätzungen, was der Fall ist, zu den Bedingungen jeder Kooperation. Freilich lässt sich über eine solche Parallelität nur eine derivative Gemeinsamkeit bilden, nämlich abhängig von der je eigenen Binnensicht; denn es sehen nicht das eine Individuum und das andere dieselbe Welt gleich, vielmehr nimmt das eine Individuum das andere wahr und ordnet, wie dieses wahrnimmt und ordnet. Die Wahrnehmung und Ordnung der Welt, die das andere Individuum vollzieht, besteht nur vermittelt über diejenige des einen und damit als Teil seiner – alles umfassenden und somit, wie oben gezeigt, als solches nicht bewussten – eigenen Welt. Die vom einen und die vom anderen gesehenen Welten ergänzen sich nicht zu *einer* für beide äußeren Welt, vielmehr ist der

Umstand, dass das andere Individuum sehen kann, für das eine nur ein Ereignis innerhalb seiner (des einen) Welt. Wie die Wahrnehmung eines Steins das Individuum nicht *per se* zum Begriff einer Welt außer sich nötigt, so auch nicht die Wahrnehmung der Wahrnehmung eines anderen.

Das eine Individuum beobachtet nicht nur das andere, sondern es wird auch von diesem beobachtet und weiß das, was auch *vice versa* gilt. Es gibt also zwei Präferenzzentren, die jeweils wissen, dass sie einem anderen Präferenzzentrum gleichen, ohne deshalb ihre je eigene Welt von außen betrachten zu können: Jedes Zentrum hat seine eigenen Präferenzen mit solcher Selbstverständlichkeit, dass ihm sogar der Begriff des Eigenen fehlt – alles was ist, ist ihm eigen. Von einem anderen Individuum mag es erwarten, dass es sich beeinflussen lässt, vielleicht versucht es sogar eine Dressur des anderen, aber es erwartet gewiss keine Einsicht in die Möglichkeit, anders zu sein, da ihm die Möglichkeit dieser Einsicht selbst verschlossen ist: Kein Unfreier, der sich seiner Lage nicht bewusst ist, erwartet Freiheit.

Neid ist in dieser Welt ausgeschlossen. Es fehlen die Normen, die entscheiden, was jedem zukommt; vielmehr gibt es nur kalkulierende Einstellungen. Wenn etwa eines der Individuen über reichliche Nahrungsvorräte verfügt und das andere hungert, so handelt es sich für dieses um ein kognitives Problem: Wie soll es an das herankommen, was jenes faktisch hat? Erweist es sich als unmöglich, so entspricht die Lage dem erfolglosen Versuch, eine Frucht zu pflücken. Mehr noch, wenn das eine Individuum seine Subsidien dem anderen zuvor abgenommen hat, so war auch dies ein nur kognitiv zu verarbeitendes Ereignis, vergleichbar dem Verschütten der Subsidien durch einen Bergrutsch. Die Welt, also die eigene unbeschränkte Welt, ist dann strapaziös konstelliert – aber dabei bleibt es auch; eine Sollwelt gibt es zwar als anzustrebende, eben Lust versprechende, aber Abweichungen von ihr sind von niemandem zu verantworten. – Dementsprechend fehlen auch die Voraussetzungen für Eigentum; es bleibt vielmehr beim faktischen Haben.

B. Grenzen einer Kooperation

Das muss nicht heißen, jedes Individuum sorge nur für sich selbst; denn die Natur mag die Sorge für andere den Präferenzen eines Individuums zuschlagen, dies bis hin zu einem Verhalten, das den Tod bringt. Aber es ist dann eben die Natur, die diese Verbindung zweier Individuen stiftet, und auch wenn die Verbindung von außen betrachtet als Interesse – etwa – der Gattung erscheint, wird sie für das Individuum nach seinem eigenem Schema von Lust und Unlust geordnet. Solcherart deutet *Rousseau* zumindest das anfängliche Verhältnis einer Mutter zu ihren Kindern: „Die Mutter säugte zuerst ihre Kinder wegen ihres eigenen Bedürfnisses ..." (Ungleichheit, S. 143, 151).

Hobbes findet in der menschlichen Natur „drei hauptsächliche Konfliktursachen": „erstens Konkurrenz, zweitens Misstrauen und drittens Ruhmsucht" (S. 95 f.), aber die hier vorgestellten Individuen kennen davon nur die ersten zwei. Ruhmsucht ist ihnen fremd (wie ihnen auch Neid fremd ist), da ihnen der andere nichts bedeutet, wenn er nicht nützlich ist. Dass *Hobbes* konsequent argumentiert, wenn er seinen Geschöpfen Ruhmsucht und zugleich grenzenlose natürliche Freiheit zuschreibt, dürfte zu bezweifeln sein. Ruhmsüchtige Menschen geben etwas um das Urteil der anderen, halten sie für mehr als Natur; niemand ist ruhmsüchtig gegenüber einem Arbeitstier oder einer Maschine. Kann aber der andere kompetent urteilen, so muss er als ein Gleicher anerkannt sein, und ein solches Verhältnis zu ihm schlösse völlige Freiheit aus. Im hiesigen Konzept ist diese Unstimmigkeit eliminiert: Das eine Individuum ist dem anderen, was dieses aktuell meint, nicht mehr und nicht weniger. Ein die Individuen umgreifendes Band gibt es nicht, und deshalb kommt jedem als seine Freiheit das „*jus naturale*" zu, „seine eigene Macht nach seinem Willen zur Erhaltung seiner eigenen Natur, das heißt seines eigenen Lebens (und *Hobbes* ist hier zu radikalisieren: sowie zur Befriedigung seiner Launen, G. J.) einzusetzen und folglich alles zu tun, was er nach eigenem Urteil und eigener Vernunft als das zu diesem Zweck geeignete Mittel ansieht" (S. 99).

Als ein solches Mittel kann die Vernichtung des anderen erscheinen, aber auch die Kooperation mit ihm. Um Kooperation zu ermöglichen, wird das Individuum von Fall zu Fall auch Vorleistungen erbringen; es mag ausrechnen, dass die Wahrscheinlichkeit des Verlustes der Vorleistung es weniger belastet, als der Verlust jeder Möglichkeit einer Kooperation es belasten würde. Wenn beide Indivisuen sich in analogen Lagen befinden, mögen sie sich darüber verständigen, und wenn sie mit der Zeit sicher sind, dass die vom jeweils anderen artikulierten Interessen von diesem dauerhaft verfolgt werden, wird es aufgrund solcher und ähnlicher Kalkulationen zu weitgehenden Kooperationen kommen können, aber eben stets in einer monistisch kognitiven Welt. Deshalb kann es sich bei einer Reaktion auf die Enttäuschung einer kognitiven Erwartung auch nur in dem Sinn um eine Sanktion handeln, dass dem anderen demonstriert wird, wie teuer ihn zukünftig erwartenswidriges Verhalten zu stehen kommt: Mit – rein faktisch verstandener – Gewalt wird dem anderen beigebracht, dass die Erwartungen des einen bei einer Nutzenkalkulation in Rechnung zu stellen sind. Das alles geschieht, so es geschieht, so emotionslos wie das Programmieren eines Computers. *Rousseau* wird hier zwar widersprochen, wenn nach ihm die einzelnen Individuen „ohne Fertigkeit" und ohne mehr als beiläufigen äußeren Umgang miteinander leben sollen, aber ihm wird insoweit zugestimmt, als sie „ohne Feindschaft und ohne Freundschaft" leben wie auch ohne Verlangen, dem anderen zu nutzen oder zu schaden, es sei denn zum eigenen Nutzen (Ungleichheit, S. 183).

C. Vertrag?

Freilich ließe sich vermuten, da die beiden Individuen (instrumental) miteinander sprechen, könnten sie sich auf Normen einigen, diese hier verstanden als Regeln, die sich nicht aus dem je individuellen Schema von Lust und Unlust herleiten lassen (unten IV A 2). Aber eine solche Vermutung stieße aus zwei Gründen ins Leere: Erstens fehlt den Individuen das

C. Vertrag?

Wissen davon, dass sie selbst auch anderes sein könnten als Verwaltungszentren der in ihr Bewusstsein tretenden Strebungen, als Präferenzzentralen; schon das schließt eine normative Verständigung aus. Zweitens wäre eine solche Verständigung (so sie denn stattfinden könnte, aber sie kann es nicht) nicht mehr als eine gegenseitige Abrede, bei der die Konstanz der Verabredenden nicht garantiert wäre: Verlöre eines der beiden seinen – als psychisches Faktum verstandenen – Willen, der Abrede zu genügen, hielte es die Welt mit der Abrede also nicht mehr für vorzugswürdig gegenüber einer Welt ohne sie, so hülfe dem anderen eine Berufung auf die Abrede nichts; denn mangels anderweitiger Garantie wäre ihr Bestand von der faktischen Willensübereinstimmung abhängig und entfiele mit dieser, mit anderen Worten, die Abrede könnte allenfalls eine kognitive Hoffnung begründen, aber keine normative Erwartung.

Alle Theorien, nach denen in einem Naturzustand durch einen Vertrag eine normative Bindung erzeugt werden soll, leiden darunter, dass sie das zu Erzeugende, eine Bindung, bereits zur Erklärung des Erzeugungsvorgangs benötigen: Nur an ihre Erklärungen Gebundene sind geeignete Vertragspartner. „Der Vertrag ist ... eine Quelle von Variationen, die einen basalen rechtlichen Fundus voraussetzt, welcher einen anderen Ursprung hat" (*Durkheim*, S. 245). Nun steckt in einer vertraglichen Erklärung stets die Behauptung, der Erklärende sei gebunden – ansonsten wäre sie schlechthin sinnlos. Aber dass dies mehr als eine Behauptung ist, folgt nicht aus der Erklärung, sondern allenfalls aus außerhalb Liegendem. Die scheinbar glatte Logik, wer sich als Erklärender geriere, dürfe als Erklärender behandelt werden, zerfällt in eine Tautologie – ein Erklärender ist ein Erklärender – und ein Problem: Wieso geht diesen „Wer" seine Erklärung etwas an; wieso produziert eine Erklärung Bindung?

Ein für die Bindung außerhalb der Erklärung zu suchender Grund kann auf dreierlei Art und Weise gedacht werden. Erstens mag sich eine normativ strukturierte Gesellschaft „irgendwie" entwickelt haben; aber dann geht es nicht mehr um das Problem einsamer Individuen *neben*einander. Zweitens – der *Hobbessche* Weg – kann durch den Vertragsschluss faktisch (und insoweit außerhalb der Erklärung) eine Gewalt begründet werden, die Verträge garantiert (oder sie mag zur Zeit des Vertragsschlusses faktisch schon bestehen). Dann aber bleibt es eben auch bei Faktischem, also bei Gewalt; der Vertrag ist insoweit ganz überflüssig (unten III, zu *Hobbes*). Drittens – der *Kantische* Weg – können die Vertragsschließenden als *a priori* verbunden gedacht werden, als Vernunftwesen, zu deren Konstitution ein „*pacta sunt servanda*" gehört, weil für sie gilt: „Handle so, dass die Maxime deines Willens jederzeit zugleich als Prinzip einer allgemeinen Gesetzgebung gelten könnte" (KpV, S. 140). Eine solche Maxime muss voraussetzen, der Erklärende bleibe gebunden, weil nur bei dieser Konstanz eine allgemeine Gesetzgebung überhaupt denkbar ist. Individuen im hiesigen Verständnis gäbe es nicht, weil jeder auf das Allgemeine verpflichtet wäre, was material heißt, sich nicht allein selbst als Zweck setzen und die anderen als Mittel behandeln dürfte (GMS, S. 61). Für allgemeine Vernunftwesen ist dem auch nichts hinzuzufügen; aber ob jedermann allgemein zu sein habe und sich nicht – etwa – auf seinen Lebenskreis beschränken dürfe, ja ob überhaupt jedermann als Vernunftwesen leben müsse und etwas falsch mache, wenn er im Nur-Individuellen beharre, steht dahin; denn die innere Stringenz einer Welt allgemeiner Vernunftwesen sagt über deren Verbindlichkeit so viel und so wenig, wie diejenige einer Welt isolierter Individuen diese absolut setzt. Was aber bei der der Individuen als Problem offen liegt – der Weg zur Gemeinsamkeit –, wird bei jener schlicht vorausgesetzt, nicht anders als bei der Annahme der Verbundenheit durch einen gemeinsamen Schöpfer.

III. Koordination einer Gruppe durch Gewalt

Treten in die Welt der Individuen einige weitere Individuen gleicher Ausstattung, so vergrößert sich die von jedem zu leistende Aufgabe, sich in seiner Welt zurechtzufinden, ohne dass sich am Prinzip des Nebeneinanderlebens in je eigenen Welten etwas ändern müsste. Wohl aber ändert sich die Lage, wenn so viele Individuen hinzutreten, dass weder Begegnungen überhaupt vermieden noch mit praktisch hinreichender Genauigkeit kalkuliert werden können: Die über das je eigene Ordnungsschema von Lust und Unlust gelieferten Informationen werden in einem Maß komplex oder ungenau, dass sie sich vom einzelnen Bewusstsein nicht mehr verarbeiten lassen; also treiben die Individuen ungesteuert umher.

Es gibt nur einen Weg, auf welchem das nicht mehr handhabbare Dasein wieder verwaltbar gemacht werden kann: Es ist eine Gewalt zu etablieren, von der zumindest die schlimmsten der anderenfalls in Rechnung zu stellenden Möglichkeiten ausgeschlossen und damit riskante Begegnungen mit anderen auf ein praktisch erträgliches Maß reduziert werden. Was praktisch erträglich ist, richtet sich nach dem ansonsten Anzunehmenden; das Mindestmaß dürfte eine einigermaßen funktionierende Lebensgarantie bilden. Dadurch wird die *multitudo dissoluta* der Individuen zu einem Kollektiv, das hier schlicht „Gruppe" genannt wird, soweit es auf seine spezielle Gestalt nicht ankommt.

Die Individuen müssen also einen Mechanismus entwickeln, der den Gebrauch des *jus naturale* verhindert, jedenfalls was Tötung angeht. Da ein physikalischer Mechanismus, der zugleich Kooperation möglich sein lässt, bisher nicht gefunden worden ist und auch wohl kaum gefunden werden wird (nach

P. J. A. Feuerbachs drastischer Aussage geht es „über die Rechte und die Kräfte des Staates", alle Bürger „an Ketten" zu legen, Revision, S. 40), bleibt nur, den Mechanismus aus einigen Individuen herzustellen, wobei jedoch sogleich die Schwierigkeit entsteht, diese so zu binden, dass sie die ihnen eingeräumte Gewalt nicht missbrauchen und nicht im Ergebnis als einzige aus dem etablierten Mechanismus Vorteile ziehen.

Wegen dieser Schwierigkeiten ist es unwahrscheinlich, dass sich die ordnende Gewalt durch koordiniertes Verhalten der einzelnen Individuen etablieren lässt, und es kommt auch nicht darauf an, wie dies geschieht, wenn die Gewalt nur überhaupt erreicht wird: Streben die Individuen sie an, aber erreichen sie nicht, bleibt alles beim alten Chaos; entsteht sie jedoch ohne oder gar gegen den Willen der Individuen und ist effektiv, so spielt der Mangel eines vorherigen Einverständnisses keine Rolle; denn es kommt nicht auf einen Unterwerfungswillen an und noch weniger auf eine Verpflichtung zur Unterwerfung – Verpflichtungserklärungen sind in diesem Stadium (wahrheitsgemäße oder erlogene) Schilderungen der eigenen gegenwärtigen Präferenzlage, mehr nicht (oben II C) –, sondern auf das Faktum des Unterworfen-Seins. Krass streicht *Spinoza* diese Schwäche jeder Einigung gegenüber dem Faktum heraus: Es ist „töricht, von einem anderen ewige Treue zu fordern, wenn man nicht gleichzeitig dafür sorgt, dass ihm aus dem Bruch des abzuschließenden Vertrags mehr Schaden als Nutzen erwächst. Das gilt ganz besonders bei der Gründung eines Staates" (S. 475). Bei der Errichtung der Gewalt verhält es sich wie bei einem wilden Tier, dem ein Maulkorb umgelegt wird; dass das Tier nunmehr keinen Schaden anrichtet, hängt nicht von der Art und Weise ab, wie das Umlegen bewerkstelligt wurde – durch Zwang, List, Schmeichelei oder auch „Einwilligung".

Wer die Schaden-Nutzen-Relation festlegt, kann die Koordination durch einen Oktroy erzwingen. *Hobbes* hat diesen Vorrang des Faktischen gesehen (S. 135, 155 ff.; ebenso *Spinoza*, S. 477). Zwar spricht *Hobbes* auch von einem „Vertrag eines jeden mit jedem" (S. 134): „Ich autorisiere diesen Menschen oder diese Versammlung von Menschen und übertrage ihnen mein Recht, mich zu regieren, unter der Bedingung, dass du ihnen ebenso dein Recht überträgst und alle ihre Handlungen autorisierst". Allerdings fehlt diesen normativ formulierten Akten zur Zeit ihrer Vornahme noch der Rahmen, innerhalb dessen sie mehr wären als unverbindliche Berichte über die psychische Lage der einzelnen Individuen; die Konstanz der Individuen oder, anders formuliert, die Bindung der Erklärungen wird erst durch das System garantiert, das hervorgebracht werden soll. Die Erklärungen sind also nur verbindlich, wenn sie ihr Ziel erreichen, was wiederum heißt, das Ziel resultiere nicht aus der Verbindlichkeit der Erklärungen, sondern allenfalls aus ihrer Faktizität: Die Konsentierenden stören den Vorgang der Staatsbildung nicht, verhalten sich sogar faktisch förderlich. Faktisch förderliches Verhalten der Individuen ist allerdings ersetzbar, und zwar durch überlegene Gewalt: Wird der Staat ohne Konsens etabliert, beurteilt sich sein Verhältnis zu den Individuen kein Jota anders. Für *Hobbes* ist dieses Ergebnis auch nicht zweifelhaft; er stellt neben den „politischen" oder „durch Einsetzung" entstandenen Staat denjenigen kraft Unterwerfung als „Staat durch Aneignung" (S. 135, 155 ff.). Mit einer Vertragstheorie des Staates hat das wenig zu tun, mehr hingegen mit einer Theorie, wonach sich der Staat, wenn er sich organisiert, selbst organisiert. Er entsteht als neues, aus dem Schema der Individuen nicht zu erklärendes Deutungsschema.

Den „äußerliche(n) oder erscheinende(n) Anfang der Staaten" dürfte also „das Verhältnis der Herrschaft und Knechtschaft" bilden (*Hegel*, Enz, § 433). Ein Individuum schafft es – vielleicht durch Kooperation mit einigen anderen –, die übrigen Individuen zu unterwerfen, was heißt, in seine Gewalt zu bringen, was wiederum heißt, über die Bedingungen von deren Lust und, mehr noch, Unlust verfügen zu können. Die Gewalt ist in der Umwelt der übrigen ein Hindernis, das einige Wege zur Maximierung der Lust oder Minimierung der Unlust versperrt. Diese Lage ist insoweit für alle von Vorteil, als jedes Individuum vor gewissen Angriffen anderer sicher ist, aber von Nachteil, wenn ohne die Gewalt die Welt doch kalkulierbar bliebe und noch größere Vorteile böte. Jedenfalls gehört die Gewalt, wie sie auch etabliert worden sein mag, zu derjenigen Gestalt der Umwelt, die bei rationaler Kalkulation berücksichtigt werden muss, – damit ist freilich ihre Bedeutung für die Unterworfenen auch schon erschöpft. Insbesondere kann kein Individuum sein Ordnungsschema ändern und dasjenige der Gewalthaber übernehmen; vielmehr bleibt letzteres für die Unterworfenen extern. Beispielhaft, das Individuum kann das Erschlagen eines anderen, der es stört, nicht etwa deshalb nicht mehr in einem insgesamt positiven Kosten-Nutzen-Saldo unterbringen, weil das Leben des anderen *per se* auf der Lustseite seiner Bilanz zu verbuchen wäre, sondern weil die Folge des Erschlagens, nämlich die Reaktion des Gewalthabers, jeden Saldo ins Negative wendet. Ist mit einer solchen Reaktion nicht zu rechnen, etwa in einem Moment der Schwäche des Gewalthabers, so ändert sich die Kalkulation; dann fehlt aber auch der dem Individuum durch die Gewalt gebotene Schutz.

Die Welt ist also auch nach Einrichtung der Gewalt noch eine kognitive Welt, unbeschränkt jedem Individuum eigen. *Spinoza* beschreibt sie wie folgt: „Da ... sich das natürliche Recht jedes einzelnen bloß nach seiner Macht bestimmt, so folgt, dass jeder, soviel er von der Macht, die er besitzt, freiwillig oder gezwungen auf einen anderen überträgt, gerade so viel auch von seinem Recht dem anderen abtreten muss, und dass das höchste Recht allen gegenüber hat, wer die höchste Macht besitzt, vermöge deren er alle gewaltsam zwingen und durch die Furcht vor der härtesten Bestrafung, die alle gleichmäßig fürchten, im Zaum halten kann. Dieses Recht wird er allerdings nur so lange behaupten, als er eben die Macht behält auszuführen, was er will. Sonst wird sein Befehl nur eine Bitte sein, und niemand, der stärker ist als er, wird ihm gehorchen müssen, wenn er nicht will" (S. 477).

Spinoza – und so entspricht es auch *bislang* der hiesigen Darstellung – reduziert also alle Normen auf kognitiv ermittelbare Situationen. Die Begünstigung durch eine Norm ist in *diesem* Zusammenhang ein Name für die faktische Chance, ein Verhalten eines anderen Individuums zu erzwingen. Unmittelbar vor der soeben zitierten Stelle heißt es: „… jeder Vertrag (ist) nur kraft seiner Nützlichkeit gültig …; fällt diese weg, so wird auch der Vertrag hinfällig und verliert seine Gültigkeit" (*Spinoza*, S. 475). Die Nützlichkeit wiederum bestimmt sich nominalistisch nach den subjektiven Präferenzen der Individuen. Die Präferenzen sind das der menschlichen Natur eingeprägte „Gesetz", und zwar so nachdrücklich eingeprägt, „dass man es unter die ewigen Wahrheiten rechnen muss, die niemand verkennen kann" (S. 473).

IV. Person, Subjekt, Gesellschaft

A. Ordnungsschemata

1. Ordnung der Individuen

Wer nur auf den individuellen Nutzen schaut, kann über das Zusammenleben der Menschen nicht mehr sagen, als zuvor ausgeführt wurde. Damit ist nicht gemeint, über die gewaltsame Unterwerfung der Menschen sei nicht hinauszukommen, noch weniger, es gehe nur um Kalkulationen von der hier vorgestellten Primitivität, jedoch es müsse sich stets um Kalkulationen handeln. Alles Bisherige betrifft freilich nur die halbe Welt, nämlich die individuelle. Von Gesellschaft in einem mehr als äußerlichen Sinn (Ansammlung sich gegenseitig beeinflussender Individuen) ist noch nicht die Rede gewesen. Diese Behauptung mag verwundern; denn den Individuen wird Sprachfähigkeit attestiert, sie kooperieren und anderes mehr. Aber sie bleiben doch Individuen, was heißt, es geht um ihr je eigenes Ordnungsschema, in dem jedes andere Individuum nur als Umwelt verarbeitet werden kann. Wer Gesellschaft für etwas aus Individuen Zusammengesetztes hält, mag diese halbe Welt für die ganze nehmen. Wenn freilich die Gesellschaft ein aus dem Ordnungsschema der Individuen nicht zu deutendes System bilden sollte, so fehlt hier bislang das diesen Horizont Übersteigende: Die Präferenzen, nach denen in der bisherigen Skizze die Welt geordnet wird, sind, wie mit *Spinoza* gezeigt wurde (oben III a. E.), die individuellen. Auch die Kalkulationen können die Individuen von sich aus vollziehen; Rechnen hat keinen genuin gesellschaftlichen Inhalt.

Um was, wenn nicht um eine Ordnung nach Präferenzen der Individuen, könnte es sich ansonsten handeln? Darauf lassen sich, je nach dem Zusammenhang der Untersuchung, verschiedene Antworten geben, indem etwa auf die Genese der Gruppe oder auf ihre Schichtung oder anderes abgestellt wird, dies bis hin zur Untersuchung der Gesellschaft als soziales System überhaupt (dem einiges der hier und folgend beschriebenen halben Welt durchaus zugehören mag). Im hiesigen Zusammenhang geht es um die – in noch zu erläuterndem Sinne – normative Identität einer Gruppe, und dementsprechend wird der Begriff der Gesellschaft auf normative Verständigung beschränkt (ohne dass dieser Begriff damit auch für andere Zusammenhänge als der allein angebrachte behauptet würde).

Was das Verhältnis des Individuums zu der normativen Bestimmung der Gruppe angeht, so ist es müßig, nach einer Schwelle zu suchen, an der stehend sich das Individuum "entwickeln" oder "wandeln" müsste, um sich dieser Bestimmung anzupassen. Nichts dergleichen muss es oder könnte es auch nur: Es untersteht – wie alles – dem Gesetz, nach dem es angetreten ist; das ist seine Teilhabe an den "ewigen Wahrheiten" (*Spinoza*, S. 473). Sinnvollerweise lässt sich nicht nach einer Entwicklung oder Wandlung des Individuums fragen, sondern nur danach, ob mit seinem Namen alles benannt ist, wenn es um das Dasein sich gegenseitig beeinflussender, gleichzeitig agierender menschlicher Wesen in einem Raum geht, genauer, ob es dabei nur um die gegenseitige Beeinflussung von Individuen oder auch um anderes, etwa um die Abhängigkeit von Personen voneinander gehen kann.

Alles was zum Nutzen der Individuen arrangiert werden kann, wird im Laufe der Zeit arrangiert werden und nichts, was schadet, aber beseitigt werden kann, wird bleiben. Was *Hobbes* als die natürlichen Gesetze, die *leges naturales*, bezeichnet (S. 99 ff., 110 ff.), als die unter der Bedingung des Nebeneinanderlebens von Individuen klugerweise anzuwendenden Regeln, das alles wird in die Praxis der Gruppe eingehen, wenn die zugehörigen Individuen mit hinreichender Mehrheit den Grund dieser Klugheitsregeln faktisch annehmen, nämlich dass es gelte, sein Leben möglichst zu erhalten (und nicht etwa vorrangig auf hohen Gewinn zu spielen). Die

Praxis muss also nicht grobschlächtig ausfallen; sie mag vielmehr von den noch zu beschreibenden personalen Ordnungen inhaltlich nicht weit entfernt sein. Was sie allerdings kennzeichnet, ist ein ständiger individualistischer Vorbehalt: Die Anpassung an die allgemein geübte Praxis ist eben nur dann geboten, wenn sie klug ist; dieser individuelle Vorbehalt ist Geschäftsgrundlage jeder Anpassung. Beispielhaft gesprochen: Gegen die gewiss unentdeckt bleibende Tötung eines anderen, durch die ein Vorteil herauszuschlagen ist, lässt sich von einer solcherart verfassten Gruppe nicht nur praktisch, sondern auch theoretisch nichts vorbringen.

Da die Individuen – etwa – auch an ihrer Pflege im Alter interessiert sind, werden sie eine Lage arrangieren, in der diese garantiert ist (wobei gleichgültig ist, wie das geschieht, unter anderem auch – so möglich – maschinell); praktisch heißt das: Sie werden für Nachwuchs sorgen und ihn so beherrschen, dass er die Pflege leisten muss. Alle Unternehmungen, die den Individuen nichts bringen, werden nicht gefördert. Ob also der Nachwuchs nach geleisteter Pflege weiterlebt oder sofort ablebt, mag den Individuen gleichgültig bleiben. Schon an diesem Beispiel wird deutlich, was die Individuen, wenn sie ihre instrumentalen Fertigkeiten auch noch so sehr ausfeilen, nicht leisten können: Sorge über ihren eigenen Bestand hinaus, insbesondere Sorge für den Bestand der Gruppe, es sei denn, diese Sorge sei von der Natur in den Individuen angelegt worden.

Nun lässt sich für einige Fälle plausibel argumentieren, die Sorge für die Gruppe stelle sich auf dem Rücken der Selbstversorgung der Individuen ein. Der genaue Bereich solcher Regulierungen einer unsichtbaren Hand soll dahinstehen; denn sie können das Prinzip nicht umkehren: Kein Individuum opfert etwas, sondern leistet nur bei der Chance einer Gegenleistung, und auch wer es zwingt, belässt es unter diesem Gesetz, da die Leistung dann von noch schmerzhafterem Zwang befreien soll. Wo die Gruppe dem Individuum nichts mehr bieten kann, hört ihre Macht auf. Beispielhaft, wie *Hobbes* gesehen hat, endet jedes kognitive System, also jedes Zwangssystem, spätestens, wenn es um das Leben geht (S. 163 ff., 170, 171).

Und bei *Hobbes* ist die Alternative zum Gehorsam Bürgerkrieg oder Emigration (im Sinne von Elend)! Verliert die Alternative ihre Schrecken, so wird die bindende Kraft weit vor der Lebensgefahr enden; eine Steuerquote in gewisser Höhe mag dann genügen, die Gruppe zu verlassen.

Auf Dauer werden sich diejenigen Gruppen als die am ehesten überlebensfähigen (als Gruppen) herausstellen, die in der Lage sind, die besten Leistungen für ihren Erhalt zu akquirieren, seien es Leistungen nach außen (Verteidigungsbereitschaft) oder nach innen (Vermeidung von Destruktion). Für die Gruppe als eine künstliche Gattung gilt, was auch für die natürliche Gattung gilt: Sie erhält sich oder geht unter. Das könnte so verstanden werden, als gehe es um eine Preisgabe des Individuenzentrismus zu Gunsten einer kollektivistischen Organisation. Dieses Verständnis wäre falsch: Der Individuenzentrismus lässt sich nicht aufheben; einer Organisation, die das nicht berücksichtigt, werden die Individuen über kurz oder lang entlaufen, was allenfalls mit Gewalt verhindert werden könnte. Entweder berücksichtigt die Organisation die Interessen der Individuen, oder sie ist pure Gewalt, oder sie bleibt ein bloßes Gedankending.

2. *Ordnung der Gruppe*

Da die Individuen wegen ihres auf je eigene Lust bezogenen Ordnungsschemas von sich aus keine Leistungen für eine Gruppe erbringen, muss der Gewalthaber – nunmehr definiert als Vertreter des Gruppeninteresses – versuchen, die Individuen mit ihrem je eigenen Schema so zu ordnen, was heißt, mit- neben- und gegeneinander aufzustellen, dass eine Förderung der Gruppe herausspringt. Die Regeln der dabei neu entstehenden Ordnung, in der die individuellen Interessen – nicht beseitigt, aber – transzendiert werden, heißen hier Normen. Der Gewalthaber muss also der Welt der nur eigene Präferenzen maximierenden Wesen das Muster einer Welt gruppentauglicher Wesen aufprägen. Dieser Wechsel ist nicht als Auszug aus dem alten und Einzug in einen anderen vorhandenen

Bereich möglich; weder lässt sich das Ordnungsschema des Individuums in nichts auflösen noch besteht bereits eine andere Welt, die nur aufgesucht werden müsste, vielmehr muss diese erst einmal errichtet werden. Das mag misslingen; es gibt so wenig eine Garantie, die Gruppe müsse sich als Einheit verwalten lassen, wie die Entstehung von Leben oder von Instinkten oder von kalkulierendem Bewusstsein *a priori* selbstverständlich wäre. Solches entsteht und könnte bei vielleicht geringfügig anderen Bedingungen auch ausbleiben; wenn aber eine Einheit entstanden ist, muss sie sich gegen konkurrierende Gruppen durchsetzen können – eine Religionsgemeinschaft gegen eine aufklärerische Sinnstiftungseinrichtung, ein Staat gegen einen anderen oder auch gegen anarchische Kleingruppen etc. Dabei geht es nicht um physische Kontinuität: Die physischen Mitglieder können wechseln, wenn nur die Gruppe in ihrer Verfassung identisch und wirklich bleibt.

Der Gewalthaber definiert also Gruppenwesen; sie heißen hier „Personen"; das Ordnungsschema, nach dem sie gebildet werden, lautet Rollenkonstanz / Ungebundenheit, was gleichbedeutend ist mit Sollen / Freiraum. Das ist die Perspektive des Gewalthabers; die Binnenperspektive des Individuums mag unverändert bleiben. Dann beharrt es auf seiner Unbeschränktheit, in der ihm die Gruppe nichts ist als mehr oder weniger nützliche oder schädliche Umwelt. Wenn aber eine neue Selbstbeschreibung gelingt, entsteht ein Subjekt mit dem Ordnungsschema Pflicht / Willkür.

Wieso entsteht gerade hier Subjektivität? Sofern man Subjektivität schon annimmt, wenn ein Individuum überhaupt Bewusstsein aufweist, ist sie bereits in der instrumentalen Welt gegeben, dort freilich nur ein anderer Name für Bewusstsein. Soll aber Subjektivität die Reflexionslage bei Selbstbewusstsein bezeichnen, kann ein Individuum sie nicht allein erreichen, da ihm, wie oben gezeigt wurde, alles, was in sein Bewusstsein kommt, als eigene Welt erscheinen muss, eben als eigene Lust oder Unlust, so dass der Hintergrund fehlt, vor dem sich die Eigenheit erst abheben könnte. Einen solchen Hintergrund bilden nach *Fichtes* Lehre für das „endliche Vernunftwesen ... andere endliche Vernunftwesen außer sich" (Naturrecht, S. 30). Das ist auch richtig, aber nicht genug; denn die bloße Entgegensetzung des einen Individuums gegen das andere führt zwar zu der Erkenntnis, dass die Welt aus mehreren Präferenzzentren besteht, belässt diese Erkenntnis aber innerhalb des Horizonts je eigener Lust und Unlust. Solange die Individuen sich selbst das Maß aller Dinge sind, können sie sich nicht begreifen, da sie zwar ein Ding, nicht aber das Maß vor dem Horizont von anderem (Es gibt für sie nur ein gültiges Maß!) zu sehen vermögen. Um zum Begreifen zu kommen, muss ein Maßsystem angewendet werden, das ein anderes ist als das zu begreifende. Nichts begreift sich im strengen Sinne selbst, sondern begriffen wird immer nur etwas vom Begreifenden Getrenntes, was nicht heißt, es könne nicht – abgesehen vom Begreifen – eine innige Verbindung bestehen. Bildhaft gesprochen: Wer nicht zwei (oder noch mehr) Seelen in seiner Brust weiß, kommt nie zum Selbstbewusstsein.

Nun sind dem entwickelten Individuum andere Maßsysteme längst bekannt; es weiß etwa, dass sich sein Leib als ein Zusammenhang chemischer Reaktionen darstellen lässt. Aber diese Reaktionen laufen ohne Bewusstsein ab, so dass es zu einem Bewusstsein von einem Bewusstsein trotz der Erkenntnis unterschiedlicher Deutungsschemata nicht kommen kann. Um Selbstbewusstsein zu ermöglichen, müssen (mindestens) zwei Schemata in ein und dasselbe, also in ein dann beide Schemata enthaltendes Bewusstsein eingeführt werden – konkret: Es geht um einerseits Lust / Unlust und andererseits Sollen / Freiraum resp. Pflicht / Willkür. Selbstbewusstsein setzt das Bewusstsein der Differenz zwischen eigener Pflicht und eigener Lust voraus, wobei das „eigen" jeweils als „unbeschränkt", also *per se* nicht als etwas eigenes begreifbar, zu verstehen ist. Diese Unbeschränktheit wurde eingangs (zur Lust des Individuums) erläutert; das Gegenstück zur reinen Lustbezogenheit des Individuums ist reine Pflichtbezogenheit: Die Pflicht bietet dann das einzig verständliche Deutungsschema. Erst die Spaltung des Bewusstseins ermöglicht es, vor dem Hintergrund der Pflicht die Lust als anderen und doch eigenen Bewusstseinsinhalt auszumachen und *vice versa*. Dabei soll nicht behauptet werden, allein mit dem Bewusstsein der Differenz entstehe zwingend Selbstbewusstsein, aber doch, ohne dieses Differenzbewusstsein könne es nicht entstehen.

Auch *Fichte* verbindet Subjektivität mit Pflicht: „Ich muss das freie Wesen außer mir in allen Fällen anerkennen als ein solches, d. h. meine Freiheit durch den Begriff der Möglichkeit seiner Freiheit beschränken" (Naturrecht, S. 52). Aber diese Pflicht folgt aus dem Dasein des einen wie des anderen und wird damit zirkulär begründet: Ob ein anderes Individuum ist, bleibt *extern* gesehen ebenso gleichgültig wie das Dasein des einen. Sie müssen beide nicht sein; mögen sie sich also gegenseitig erschlagen! Erst eine Ordnung, in der sie gebraucht werden, löst sie aus ihrer unbeschränkten Welt und gibt ihnen die Möglichkeit, sich auf allseits Verbindliches zu berufen. Da *Fichte* auf dem Standpunkt des einzelnen beharrt, ist bei ihm die Pflicht nicht mehr, als der einzelne von ihr denkt, also Produkt des einzelnen und deshalb nicht geeignet, ihn so zu zerreißen, dass innerhalb seines Bewusstseins der Hiatus entsteht, von dessen einer Seite aus die andere, und von dessen anderer Seite aus wiederum die eine betrachtet werden kann.

B. Anerkennung?

Bei *Hegel* beginnt Subjektivität in einer seltsam mehrdeutigen Gestalt: Zwei Individuen kämpfen gegeneinander um Anerkennung, beide danach gierend; das eine scheut den absoluten Herrn, den Tod, und ergibt sich als Knecht, das andere dominiert und wird zu Lebzeiten der Herr; aber der Knecht objektiviert sich in der Arbeit, während der Herr in der Befriedigung versinkt, also seine Gestalt verliert und als ein selbstbewusstes Subjekt nicht mehr vorhanden ist (Phän, S. 148 ff.). – Den Antrieb zur Entwicklung von Selbstbewusstsein bildet bei *Hegel* eine Befindlichkeit des Einzelnen, eben Begierde; aber es wird doch eine Differenz zur Stellung eines anderen aufgebaut, ehe es zum Selbstbewusstsein kommt: die

B. Anerkennung?

Differenz zwischen der Rolle des Herrn und derjenigen des Knechts. Beide Rollen sind freilich *per se* so wenig Erscheinungsformen eines objektiven Geistes, wie die Begierde auf eine allgemeine Ordnung aus ist. Aber die Begierde ist bei *Hegel* mehr als eine individuelle Laune und die Rolle mehr als eine Zufälligkeit; denn nur in einer schon vorhandenen Ordnung richtet sich die Begierde auf Anerkennung durch andere – Wer würde Anerkennung von jemandem begehren, der ihm gleichgültig ist? –, und nur innerhalb einer Ordnung bleibt auch dem Verlierer ein Platz, zwar lediglich als Knecht, aber immerhin nicht als Sklave oder Ding.

Allein mit dem Faktum der Unterwerfung lässt sich nicht erklären, dass der Knecht in der Arbeit seine Bestimmung findet; er könnte ebenso in der Gedrücktheit seiner unterworfenen Existenz zum Animalischen regredieren, zumindest aber auf der Stufe verharren, die einem einzelnen Individuum im Kampf gegen widrige Natur beschieden ist. Auch die Erfahrung, beim Kampf um Anerkennung gescheitert zu sein, bleibt die Erfahrung eines Individuums in seiner eigenen Welt. Immerhin wird der Knecht in das Schema des Herrn gezwungen, und so mag er die Differenz seiner eigenen Lust und Unlust zu der Lage des ihm aufgezwungenen Schemas begreifen. Aber dieses Begreifen ist nicht mehr als dasjenige eines Widerstands der Natur – der Widerstand nötigt zur Arbeit –, mündet also wieder in die unbeschränkt eigene Welt ein.

Bei *Kojève* heißt es zum Knecht: „In der durch seine Arbeit verwandelten, technischen Welt herrscht er – oder er wird wenigstens eines Tages als absoluter Herr herrschen" (S. 27); aber Herrschaft zur Befriedigung der Begierden eines anderen Herrn – oder eines Tages auch der eigenen – führt nicht aus der eigenen Welt hinaus. Die Geschichte vom Herrn und vom Knecht muss dergestalt verändert werden, dass die Arbeit mehr bedeuten kann, als der Natur eines anderen Individuums zu genügen: Der Herr muss einer Gruppe eine Verfassung geben, die den Unterworfenen einen Status zuweist, so dass sie ihre Arbeit *als Erfüllung einer Aufgabe für die Gruppe* begreifen können. Als Minimalverfassung können die Einrichtung von Berufsständen oder die lehnsweise Landhingabe genannt werden. Dabei ist es eine nachrangige Frage, ob der Herr in die Verfassung eingeschlossen wird und damit seinerseits eine Aufgabe findet oder aber – wie insbesondere bei *Hobbes* (S. 136 ff., 155) – *legibus solutus* und damit Individuum bleibt, wenn nur die Verfassung eine solche der Gruppe und nicht ein bloßes Echo der Launen des Herrn ist. – Dass der Herr beim Erlass der Verfassung wohl nur auf seine Lust aus sein wird, schadet nicht, solange er trotzdem die Gruppe verfasst; sollte etwa der Herr die Gruppe auf Dauer anlegen wollen, um die Herrschaft seiner Nachkommen zu sichern, und zwar als Motiv schierer Natur, befriedigt er seine Begierde, aber die Unterworfenen werden in eine Aufgabe für die Gruppe gezwungen.

In der Ordnung dieser Verfassung können die Unterworfenen nicht nur als Individuen mit einem Lust-Unlust-Schema begriffen werden und sich begreifen, sondern zugleich als solche, die dafür vorhanden sind, Land zu bearbeiten oder einen Beruf auszuüben, die also auf eine bestimmte Weise tätig sein sollen und dürfen; werden die Unterworfenen von außen dergestalt gesehen, so *ist* das Anerkennung als Personen, und wenn sie es selbst dahin bringen, sich so einzurichten, dass sie auch für sich im Schema ihrer Rolle agieren, haben sie sich als Subjekte begriffen: Das jeweilige Individuum sieht, wie sein Auskommen auch eine Leistung für die Gruppe bringt, und das Subjekt weiß um das Auskommen des Individuums.

Nach dem Gesagten kann Anerkennung nicht allein als wechselbezügliche Leistung zweier (oder mehrerer) Individuen begriffen werden – zwei Schiffe können nicht aneinander ankern –, sondern nur als eine Verbindung von Personen durch eine sie konstituierende Norm – durch einen Ankergrund –, als Zuordnung von Rollen, wobei, wenn der Vorgang begriffen wird, sich ein Subjekt konstituiert sowie Anerkennung psychisch realisiert. Insbesondere hat Anerkennung, so sie etwas besagen soll, nichts mit einem Hervorbringen wechselseitiger Wertschätzung zu tun; vielmehr müssen die jeweiligen Rollen als notwendig für die Bewältigung einer der Gruppe dienenden Aufgabe verstanden werden. Um Rechte geht es bei der Konstitution der Person nur nachrangig, nämlich soweit die Person sie benötigt, um ihren Pflichten genügen zu können. Bei der hier vorgeschlagenen Sicht wäre es (anders als bei der Sicht *Hegels*) falsch, in der Anerkennung einen Vorgang zu sehen, nach dem ein Individuum gieren würde; es mag ihm bitter werden, als Person genommen und mit Pflichten beladen zu werden, wie es ein Kind in der Regel hart ankommt, wenn es erstmals als Person ernst genommen wird. Eben deshalb wird der Status der Person nicht selten zumindest bereichsweise verspielt (siehe VIII B). – Eher beiläufig sei vermerkt, dass auch die moderne Hirnforschung ein „mentales Selbst" als Übernahme einer in der „Interaktion und Kommunikation" bereitgehaltenen „selbst-förmige(n) Rolle" versteht: „... der Akteur macht sich schließlich die ihm zugeschriebene Rolle selbst zu eigen" (*Prinz*, S. 58 f.).

Immerhin folgen aus den Pflichten Rechte, zumindest entsteht das Recht, das zur Erfüllung der Pflicht Erforderliche zu organisieren, und je wichtiger die Pflichten für die Gruppe sind, desto peinlicher dringt sie auf die Beachtung dieser Rechte. Erst hier, in einer verfassten Gruppe, entsteht der Rang einer Person als das Recht, sich gegenüber anderen wegen der eigenen Wichtigkeit für das Ganze hervorzutun. Dabei mag in Streit geraten – aus Neid und Missgunst ebenso wie aus Überheblichkeit –, wie viel des Hervortuns angemessen ist. Dieser Streit ist, anders als *Hobbes* meint (S. 133), im Naturzustand, unter instrumental miteinander verkehrenden Individuen, ausgeschlossen, sondern nur möglich, wenn es nicht um die Ordnung der unbeschränkt eigenen, vielmehr einer verbindenden Welt geht, mit anderen Worten, nur unter Personen.

C. Objektivität der Person

Die Person wird, wie schon angedeutet wurde, durch ihr Verhältnis zu anderen Personen, also durch ihre Rolle, bestimmt. Eine einzige Person ist ein Widerspruch in sich; Personen gibt es nur in einer – erst jetzt ist der Begriff im normativen Sinn angebracht – Gesellschaft. Gewiss sind das Sollen oder – in der Selbstbeschreibung – die Pflicht auch etwas Eigenes der Person oder des Subjekts, aber anders als die Lust des Individuums, die nur eigene Lust ist, sind Sollen und Pflicht nicht nur eigen, sondern überhaupt erst dank der reziproken Stellung zu einer anderen Person vorhanden. Deshalb ist das Sollen (und ist die Pflicht), anders als die Lust, ein Ordnungsschema einer gemeinsamen Welt. Damit wird freilich nicht behauptet, die normativ verfasste Gruppe sei das Endziel der Welt und trage ihren Sinn in sich. Sie ist oder ist nicht – wie ein Individuum. Allerdings gibt es nun einmal nur in einer normativen Ordnung Personen und Subjekte. Wer Subjekt sein will und schlechthin selbständig, widerspricht sich selbst.

Lust und Sollen sind *per definitionem* getrennt; Lust ist nicht durch Sollen erklärbar und Sollen nicht durch Lust. Das Sollen beschreibt eine Modellwelt, von der aus die Welt der Individuen kritisiert, aber nicht abgeleitet werden kann. *Kelsen* formuliert, „dass daraus, dass etwas ist, nicht folgen kann, dass etwas sein soll, so wie daraus, dass etwas sein soll, nicht folgen kann, dass etwas ist" (S. 5). Wenn der Gewalthaber den Individuen irgendetwas zumutet, so lässt sich demnach nur feststellen, ob diese Zumutung von den Individuen faktisch registriert wird, was, wenn es geschieht, als psychischer Befund aber schlechthin nichts für die Sollenslage besagt. Der Gewalthaber mag auf seiner Deutung beharren, oder eines der unterworfenen Individuen mag den Spieß umdrehen und dekretieren, wer solche Zumutungen erhebe, solle nicht Oberherr sein – wie dem auch sei, es handelt sich um Deutungen je Einzelner, wie man ihrer beliebig viele ersinnen kann. Der Einzelne mag seiner Deutung unverrückbar anhängen, etwa wenn er überzeugt ist, ein unwiderlegbar richtiges Gruppenmodell zu kennen, sei es kraft Einsicht, sei es kraft bindender Offenbarung; er mag sogar die Macht haben, sollenskonformes Verhalten zu erzwingen; solange er mit seiner Deutung allein steht, wird von den anderen alles, was er unternimmt, als bloßes Faktum verstanden werden, die zwangsweise Durchsetzung des Sollenskonformen eingeschlossen.

C. Objektivität der Person

Mit der Sollens*vorstellung* eines *Einzelnen* wird zwar das Lustschema verlassen, aber es wird durch ein eben *eigenes* Sollensschema ersetzt. Mehrere, vielleicht sogar sämtliche Individuen mögen identischen Sollensmodellen anhängen und das auch voneinander wissen. Selbst dann handelt es sich freilich *per se* nur um Fakten des je einzelnen Bewusstseins, die in instrumentaler Sprache anderen mitgeteilt werden können, den Horizont des Eigenen jedoch nicht übersteigen. Je Eigenes wird auch bei Gleichförmigkeit nichts Gemeinsames, wie deutlich wird, wenn eines der Individuen seine Überzeugung verliert: Es wird dann als verwunderlicher Einzelgänger und unsicherer Kantonist dastehen, aber es wird bei der kognitiven Verarbeitung dieses Umstands bleiben. Vielleicht werden die anderen den Abweichenden sogar erschlagen, dies aber nicht, weil seine Unberechenbarkeit für Gemeinsames, sondern für je Eigenes gefährlich wäre.

Gesellschaft lässt sich nicht als Addition der Bewusstseinsvorgänge einzelner Individuen begreifen (siehe *Luhmann*, S. 429 ff.); deshalb gibt es keine Gesellschaft, solange sich nach dem Bewusstsein eines Individuums oder auch nach den gleich gerichteten Bewusstseinslagen mehrerer Individuen bestimmt, wie an das Verhalten eines Individuums anzuschließen ist. Auf solche Art und Weise ist aus der instrumentalen, also der je eigenen Welt nicht herauszukommen. Erst wenn die Verständigung der Individuen eine von diesen selbst unabhängige Dynamik entwickelt, endet der je eigene individuelle Bereich und beginnt die nicht mehr auf Individuelles zurückführbare Ordnung. Vertraglich lässt sich eine solche vom Individuum gelöste Dynamik nicht erzeugen; denn übereinstimmende Willkür ist nicht mehr als ein Faktum. Am Anfang der Gesellschaft steht nicht ein Konsens, sondern die Gewissheit des Heiligen. „Was ist heilig? Das ist's, was viele Seelen zusammen / Bindet; bänd es auch nur leicht, wie die Binse den Kranz" (*Goethe*, Vier Jahreszeiten, Herbst, 68).

Freilich lässt sich vertraglich eine Karikatur gesellschaftlicher Eigendynamik erzeugen, nämlich eine Gewalt, welcher sich die Vertragspartner unterwerfen. Die vertraglich etablierte Gewalt ist nicht nur Bedingung von Ordnung, sondern als den Individuen Gegenüberstehendes auch der individualistisch-vertragstheoretische Ersatz für die Macht des öffentlichen Wissens. Nur ist diese Gewalt, sofern es bei ihr bleibt, eben nicht mehr als Gewalt, was heißt, dass sie zwingen, sich aber nicht ihrerseits ihrer Umwelt anpassen oder sonst entwickeln kann. Wenn *Hobbes* die Handhabung der Gewalt der Klugheit des Gewalthabers anempfiehlt (S. 255 ff.), so deshalb, um eine längst vorhandene und, wenn auch nur brüchig, institutionalisierte normative Verständigung in der Gewalt unterzubringen, zwar nicht normativ zwingend – auch unkluge Gesetze sind bei *Hobbes* gerecht –, aber doch als vom Gewalthaber klug zu wählende Möglichkeit. Es geht bei den Klugheitsregeln nicht nur um Sachzwänge, sondern auch um normative Verständigung, weil ihre Basis, ein beschränktes, aber friedliches Leben sei Freiheit und Krieg vorzuziehen, nicht durch Klugheit gewonnen werden kann – ein Heros wählt klugerweise Freiheit –, sondern nur durch eine Entscheidung.

Da der Gewalthaber scheitern wird, wenn er die Regeln der Klugheit nicht beachtet, steht nicht er, sondern stehen diese Regeln absolut. Der – machtvollen! – Verständigung, ob ein Regime klug oder falsch ausfällt, bleibt der Oberherr unterworfen; ungebunden ist er nur bei der Bestimmung von Akzidentien. *Hobbes* bezeichnet die Klugheitsregeln als *leges naturales* (S. 99); im hiesigen Sinn wären sie nicht nur Regeln der Natur, der gesellschaftlichen Umwelt, sondern in ihrer Basis gesellschaftliche Normen, aber, und darauf kommt es an, nicht als Meinungen, sondern von einer den Unterworfenen nicht verfügbaren (deshalb sind sie unterworfen) und in dem Sinn objektiven Kraft: die auf lange Sicht unverzichtbaren Bestandteile jeder gesellschaftlichen Verfassung. Sobald es in der Zeit nach *Hobbes* gelang, die Klugheitsregeln mehr oder weniger kategorisch von den Akzidentien zu trennen (ein Ausnahmezustand bleibt freilich klugerweise immer zu bedenken), konnte der Oberherr normativ eingebunden, also als Person und als nicht mehr im Naturzustand befindlich, behandelt werden. Eine Konstitution ist zum guten Teil geronnene

Klugheit (im Sinne des *Hobbes*), und eine Gesetzgebungsermächtigung degradiert ihren Gegenstand zum Akzidens.

Von den Vertragstheoretikern hat die eigene Dynamik der normativen Verständigung als objektive Kraft niemand schärfer herausgearbeitet als derjenige, welcher zugleich nicht minder scharf die Freiheit als Ziel der Gruppenbildung zeichnet: *Rousseau* im „Contrat Social". Die Staatsgründung dient der Freiheit, aber welchen Inhalt sie hat, ergibt sich aus der *volonté générale,* und diese hat „jederzeit recht" (CS, S. 28 f.), bis hin zu dem Recht, das Leben des Bürgers zu verlangen (CS, S. 33 f.), welches dieser, sich als Person verstehend, dann auch hingibt. Lässt man den Gründungsakt beiseite, so ergibt sich eine Ausrichtung der Person an Normen, über die sie gerade nicht selbst verfügt, und nur deshalb ist sie Person. Nochmals *Rousseau* (Emile, S. 12): „Als Bürger ist ... (der Mensch) nur ein Bruchteil, der vom Nenner abhängt, und dessen Wert in der Beziehung zum Ganzen liegt, d. h. zum Sozialkörper. Gute soziale Einrichtungen entkleiden den Menschen seiner eigentlichen Natur und geben ihm für seine absolute eine relative Existenz. Sie übertragen sein *Ich* in die Allgemeinheit, so dass sich der einzelne nicht mehr als Einheit, sondern als Glied des Ganzen fühlt und angesehen wird." Bei *Rousseau* ist also der Wille des Einzelnen das Mittel, diejenige Institution zu finden, der man seine Willkür unterwerfen kann: die gute soziale Einrichtung. *Hegels* Kritik, *Rousseau* favorisiere das Beliebige, den „einzelnen Willen" (Rph, § 258 Anmerkung), trifft also nur den Gründungsakt, nicht das Gründungsergebnis. – Zusammengefasst heißt das, die personale Deutung sei eine objektive (nicht verfügbare) Deutung und ohne Objektivität sei es ausgeschlossen, sich als Person zu begreifen, also Subjekt zu sein.

D. Person und Leib

Für die Person (wie das Subjekt) muss noch die Ausstattung bestimmt werden: Gehört zu ihr ein Bewusstsein, gar ein

IV. Person, Subjekt, Gesellschaft

Leib? Die Frage scheint einigermaßen verwunderlich formuliert zu sein; denn eine Sollgestalt ist als Sollgestalt gerade kein Bewusstsein und kein Leib. Es geht hier freilich nicht um eine *reine* Sollgestalt, sondern um ihre Wirklichkeit für andere, und das heißt, vermittelt über die erfahrbare Welt. Aus dem nämlichen Grund bezieht *Kant* den kategorischen Imperativ nicht auf reine Geisteszustände, sondern auf Handlungen, also auf leibliches Verhalten („*handle* nur nach derjenigen Maxime ...", „*handle* so, als ob die Maxime deiner Handlung ...", GMS, S. 51; „*Handle* so, dass du die Menschheit ...", S. 61; Hervorhebungen nicht original). Ebenso schreibt sich bei *Fichte* das vernünftige Wesen einen Leib zu (Naturrecht, S. 5). Interaktion, auch solche in der Sondergestalt der Kommunikation, ist nur auf dem Weg über die erfahrbare Welt möglich, und der kategorische Imperativ *Kants* und das Rechtsverhältnis bei *Fichte* sollen deshalb nicht, jedenfalls nicht nur, die Binnenstruktur des *homo noumenon*, des Vernunftwesens, sondern sein Verhältnis zu anderen, und zwar in einer für beide Seiten praktischen Art und Weise regeln. Ganz entsprechend wird hier der Begriff der Person gebildet, um einen praktischen Vorgang beurteilen zu können, nämlich den Umgang über Leiber miteinander, genauer, den leiblichen Umgang, der Gruppeninteressen dient.

Das heißt nicht, die Person sei mit einem Leib von Natur aus verbunden; denn es geht nicht um Naturwüchsigkeit, sondern um Zuordnung, und zwar nicht erst bei der Person, sondern schon beim Individuum. Dass bei ihm auf seinen Leib, sein Bewusstsein und das Schema von Lust und Unlust abgestellt wird, hängt vom Ordnungsinteresse ab; in der Perspektive – etwa – eines Biochemikers wäre das Individuum biochemisches System; Lust und Bewusstsein kämen in dieser Weltbeschreibung allenfalls als Epiphänomene vor. Aber gerade auf das Bewusstsein abzustellen wird erforderlich, wenn die maximale Gestalt der noch unbeschränkt eigenen und deshalb sollensleeren Welt bezeichnet und damit der Schnitt zur Person präzise gezogen werden soll (Biochemisches / Person wäre ein ungenauer Schnitt). Individualität ist also der Ordnungsaspekt eines von Lust oder Unlust geprägten Bewusstseins, Personalität derjenige eines Bewusstseins, das von Normen geprägt sein soll (und bei Subjektivität wird diese Prägung psychisch realisiert), wobei es in jedem Fall darum geht, leibliches Verhalten zu ordnen, und das gilt selbst für juristische (moralische) Personen (*Kelsen*, S. 180).

E. Verhältnis von Individuum und Person

1. Nochmals: unterschiedliche Ordnungen

Die Welt des Individuums und die Welt der Person werden nicht nur nach unterschiedlichen Schemata geordnet, sondern haben auch andere Gegenstände, wie deutlich wird, wenn nach der Möglichkeit einer Steuerung des Leibes durch das Bewusstsein gefragt wird. An sich ist offensichtlich, dass kein Bewusstsein, sei es lustgeprägt oder normgeprägt, einen Körper steuert; Bewusstsein ist nun einmal kein biochemischer Anstoß. Aber beim Individuum ist die Rede von einer Steuerung schadlos; denn die Deutung eines Individuums als eines Wesens mit Bewusstsein dient von außen betrachtet gerade und nur dem Verständnis der Einheit der (nicht unbewussten) Körperbewegungen. Beispielhaft gesprochen: Wenn ein hungriges Individuum eine schmackhafte Frucht sieht und, obgleich jedes Hindernis eines Verzehrs fehlt, nicht zugreift, und wenn diese Informationen vollständig sind, dann hat der Begriff des Individuums mit seinem Bewusstsein und seiner Ordnung nach einem Schema von Lust und Unlust versagt und ist zu verabschieden. Soweit der Begriff aber tauglich ist, kann schadlos von einer Steuerung gesprochen werden; denn auch wenn es nicht um Beeinflussung, sondern – etwa – um Parallelen gehen sollte, ließe sich doch an der Bewusstseinslage das kommende körperliche Verhalten ablesen oder aus letzterem erstere erschließen. Anders verhält es sich beim Bewusstsein der Person, das normgeprägt sein soll: Wenn es die Prägung hat, indiziert es das kommende körperliche Verhalten. Aber ob es diese Prägung hat, ist nicht ausgemacht, und sollte sie fehlen, hat der Begriff der Person mit dem Schema von Sollen und Freiraum nicht notwendigerweise versagt, nämlich dann nicht, wenn die Ordnung der Welt nach (besser: in) Personen trotz des Fehlens Orientierung leistet, also die vorhandene Gesellschaft richtig beschreibt. Der Begriff des Individuums ordnet einzelne Wesen als einzelne; derjenige der Person ordnet Gesellschaft und leistet im Zusammenhang mit Verhaltensprognosen nichts (genauer: nur dann etwas, wenn das Sollen auch psychisch realisiert wird, und von der Unsicherheit, ob dies der Fall ist, entbindet die kontrafaktische Orientierung. – Zu deren Grenzen unten VII C, VIII B).

Die Trennung von Person und äußerer Wirksamkeit soll noch durch einen Bezug auf *Kants* Freiheitsbegriff erläutert werden. In der dritten Antinomie in der Kritik der reinen Vernunft heißt es: „Dagegen verstehe ich unter Freiheit, im kosmologischen Verstande, das Vermögen, einen Zustand *von selbst* anzufangen, deren Kausalität also nicht nach dem Naturgesetz wiederum unter einer anderen Ursache steht, welche sie der Zeit nach bestimmte" (KrV, S. 488). Sollte *Kant* hier unter „Zustand" einen Zustand der Natur verstehen, könnte sein Begriff von Freiheit (Sollen) als Kategorienvermengung nicht akzeptiert werden. Aber das bedeutet nicht, es müsse beim Umgang von Individuen als Naturerscheinungen miteinander bleiben. Gelingt es, diesen Umgang als unmaßgeblich und den Umgang mit Sollgestalten als maßgeblich zu etablieren, so verliert die Welt der Natur ihre Bedeutung, ohne aufgehört zu haben zu sein – sie ist nur nicht mehr maßgeblich. Unter „Zustand" muss dann ein Zustand in der zu etablierenden maßgeblichen Welt verstanden werden. Auch das mag *Kant* meinen: „Die Wirkung kann also in Ansehung ihrer intelligiblen Ursache als frei, und doch *zugleich* in Ansehung der Erscheinungen als Erfolg aus denselben nach der Notwendigkeit der Natur angesehen werden" (KrV, S. 491; Hervorhebung nicht original). Lässt man die Problematik beiseite, inwieweit die intelligible Welt sowohl die Welt des Sollens als auch – bei *Kant* – zugleich Grund der Phänomene sein kann, so enthält der zuletzt zitierte Satz eine Behauptung, die auch hier aufgestellt wird: Die Welt der Natur wird nicht geändert, vielmehr kommt eine weitere Welt hinzu. Der Übergang in eine andere Welt bringt eine viel radikalere Neuerung, als es eine bloße Änderung innerhalb der Welt der Natur sein könnte; denn diese gibt hinfort kein Maß mehr vor (wie systemtheoretisch betrachtet der Mensch „nicht mehr Maß der Gesellschaft" ist; *Luhmann*, S. 289). Allerdings verläuft die Welt der Natur weiter nach ihren „ewigen Wahrheiten" (*Spinoza*, S. 473); sie kann nicht abgeschafft werden. Jedoch liegt sie nicht im Blickwinkel der personellen Welt, die diese Wahrheit trotz ihrer Ewigkeit deshalb nicht zur Kenntnis nimmt.

Was mit dem „Hinzukommen" gemeint ist, kann mit einer Analogie erläutert werden. Wer – etwa – ein Tier betrachtet, mag sich die ablaufenden chemischen Reaktionen vergegenwärtigen, ohne damit freilich alles zu erfahren, was es über ein Tier zu wissen gibt; er mag seine Aufmerksamkeit auch auf die physiologischen Prozesse lenken, die zu den chemischen hinzukommen, ohne an ihnen etwas zu ändern – vollständig ist das Tier immer noch nicht erfasst; er mag auch das Tier als Triebwesen ansehen, wiederum ohne an den ersten beiden Stufen Korrekturen vorzunehmen. Entsprechend kommt die Gesellschaft zum Individuum hinzu, ohne an den Regeln seiner Konstitution etwas zu ändern. Beiläufig: Die durch das Hinzukommen der Person zum Individuum ermöglichte Entzweiung der bewussten Welt ist zwar auch eine theoretische Konstruktion, aber zugleich nicht alltagsfern, sondern sprichwörtlich bekannt: „Der Geist ist willig, aber das Fleisch ist schwach" (*Markus* 14, 38 b).

Geht es um eine Überlagerung des individuellen Ordnungsschemas und nicht um sein Verschwinden aus jeglicher Perspektive, so muss das Individuum innerhalb der Ordnung der Person sein Auskommen finden können, aufgehoben werden, oder aber die personale Ordnung bleibt ein nur kontrafaktisches Deutungsschema. Sollte etwa der Gewalthaber versuchen, den Unterworfenen die Sollgestalt zuzuordnen, sie hätten für die Gruppe im Kampf zu sterben, und das wäre alles, so würden die Unterworfenen diese Anmutung höchstwahrscheinlich nicht als maßgebliches Deutungsschema akzeptieren, sondern – soweit sie mit Gewalt durchgesetzt wird – als unerfreuliche Umwelt oder – soweit keine Gewalt droht – als unverbindliche Meinung, was beides heißt, der Gewalthaber stehe mit seiner Deutung allein und für alle anderen bleibe es bei der instrumentalen Welt der isolierten Individuen. – Diese Feststellung wird hier zunächst als Befund behandelt; ob die personale Welt mehr sein muss oder auch nur sein kann als ein Gedankending, wird noch zu behandeln sein (unten V).

Freilich lässt sich schon an dieser Stelle ausschließen, dem Gewalthaber bleibe nur die Möglichkeit, dem, was sich ohnehin ereignet, einen neuen, normativen Namen zu geben. Vielmehr kann er die Individuen lenken, indem er eine personale Welt etabliert; denn eine personale Welt, so sie nicht als bloße Ausbeutung, sondern mit mäßigen Forderungen offeriert wird, bietet den Individuen durchaus nach deren je eigenem Ordnungsschema Daseinsmöglichkeiten, die sie in ihrer nur instrumentalen Welt nicht erreichen können. Was diese nur als Ergebnis taktischer Überlegungen bieten kann und deshalb immer mit der Unsicherheit belastet ist, die Bedingungen, nämlich die Verhaltensgestalten der anderen, möchten unberechenbar werden, das leistet jene, die personale Welt, in dem Rahmen, in dem sie Personen fixiert, sicher. Demgemäß fällt Kooperation leichter, und hochgradig anonyme Kontakte werden möglich. Die personale Welt bietet dem Individuum also eine diesem zuvor unbekannte Geborgenheit, und zwar ohne Sorge für die eigene Überlegenheit oder zumindest Nicht-Unterlegenheit. Weiteres kommt hinzu: Wenn das Individuum unter den Bedingungen einer personalen Welt seine Befriedigung findet, wird sich sein Vermögen, neue Wege zu seinen eigenen Zielen zu erschließen, nicht weiter ausbilden oder gar zurückbilden; seine Fertigkeiten werden also zumindest „gedeckt". So bewirkt die Geborgenheit Befriedigung und die Befriedigung Schläfrigkeit: Das Naturwesen wird zum Haustier des Subjekts.

Das allein erklärt freilich noch nicht die Triumphe, die das Subjekt über das Individuum gefeiert hat und feiern wird, wenn der Strom des akzeptierten Sollens die Unlust überspült. Wer selbst dann noch, bei der Tat eines Helden, das Lustprinzip walten sieht, trägt die Brille eines „psychologischen Kammerdieners" (*Hegel,* Rph, § 124 Anmerkung). Aber was im alltäglichen Umgang eine Frechheit ist, bestenfalls eine Ironie – *Recha* zu ihrem Lebensretter: „Tempelherren, die müssen nun einmal so handeln … wie etwas besser zugelernte Hunde" (*Lessing,* Nathan der Weise, III 2) –, kann in der Wissenschaft eine Tugend sein: Auch die höchst zu preisende Tat ist nur Tat, weil ein körperliches Verhalten eines Individuums vorlag, so dass die Frage nach der Lust, die zum Verhalten trieb, oder der Unlust, die mit dem Verhalten vermieden werden sollte, gestellt werden muss. Kann es eine Lust geben, sich für andere zu opfern, zu denen kein durch Natur zu erklärendes Band besteht? Es muss möglich sein; denn es geschieht.

Gehlen (Urmensch, S. 42 ff.) hat gezeigt, dass ein menschliches Individuum nicht richtig als ein Wesen begriffen wird, das auf der Lauer liegt, jede kleine Spitze der Lustbilanz möglichst bald abzuschöpfen. Vielmehr geht es ihm als „Wesen von chronischer Bedürftigkeit" darum, aus einem Zustand permanenter Sorge herauszukommen; die einigermaßen verlässliche Aussicht, das möge gelingen, gibt bereits als „Hintergrunderfüllung" Befriedigung. Bei dieser Lage lässt sich vermuten, dass dann, wenn der Sorge, die Geborgenheit in einer Gruppe könne verloren gehen (oder nicht erreicht werden), also der Sorge um die soziale Identität, nur durch eine Tat zu entkommen ist, die den Tod bringt, diese Tat vollzogen werden kann, weil sie (noch einmal) mit der Gruppe verbindet, und dadurch eine Hintergrunderfüllung bietet. Was *Rousseau* einen savoyischen Vikar vom Verhältnis zu Gott sagen lässt, kann auf eine Gruppe, so diese denn alles spendet, übertragen werden: „… welche Glückseligkeit kann süßer sein, als sich in ein System eingeordnet zu fühlen, in dem alles gut ist?" (Emile, S. 308). – Gewiss ist das kein Beweis, allenfalls ein Ansatz für Plausibilität.

2. Nochmals: Gewalt als Anfang?

Der Einwand liegt nahe, eine solchermaßen kategoriale Neuerung wie die Einführung der Welt der Personen zusätzlich zur Welt (genauer: zu den Welten) der Individuen lasse sich nicht von einem Gewalthaber verordnen. Der Einwand dürfte richtig sein; aber hier geht es auch nicht darum, eine Geschichte der Genese von Sozialität zu schreiben, vielmehr sollen die Bedingungen von Sozialität genannt werden, und der Gewalthaber steht unter diesen Bedingungen für eine Unbekannte. Würde man die Unbekannte den ersten Anstoß zur Sozialität nennen, so wäre das nicht mehr als ein schlechtes Bild; denn ein Anstoß wirkt bei dem Gestoßenen nur, wenn dieses einen Impuls empfangen kann, aber das Individuum mit seinem Schema von Lust und Unlust ist von der Person mit ihrem Schema von Sollen und Freiraum kategorial getrennt, was heißt, dass sich nichts von einem Schema in das andere übertragen lässt: Angestoßene Lust genügt keinem Sollen. Auf das Subjekt bezogen gilt also *Fichtes* Verdikt, die Frage, „*was*" ich „wohl war, ehe ich zum Selbstbewusstsein kam", sei „an sich völlig unstatthaft" (WL, S. 97). Jedenfalls im hiesigen Zusammenhang bliebe auch eine Verbildlichung als „Aufforderung" oder „Erziehung" unzulänglich (*Fichte*, Naturrecht, S. 39. – Das Bild zeigt immerhin die *Gleichursprünglichkeit* von Subjektivität und Gesellschaft), zumal Aufforderung und Erziehung in einen unendlichen Regress führen würden (Wer hat zuvor auf den Vermittelnden eingewirkt?), den *Fichte* durch die Annahme eines Urgeistes, „so wie es eine alte ehrwürdige Urkunde vorstellt", aufzulösen versucht (Naturrecht, S. 40).

Es soll nicht einmal insinuiert werden, beim Individuum handele es sich um den nicht erklärungsbedürftigen Grundfall und bei der Person um die Abweichung. Man mag die Person, beginnend als *zoon politikon*, als den Grundfall ansehen, und das Individuum als die Abweichung – alles das steht hier hinter der Feststellung zurück, dass es jedenfalls um zwei nicht ineinander auflösbare Deutungsschemata der Welt und in diesem Sinn um zwei Welten geht. Auch zeitliche Priorität des einen vor dem anderen wird nicht behauptet. Nur Naturalis-

E. Verhältnis von Individuum und Person 49

ten schließen daraus, dass bislang zwar von Individuen, die nicht Personen waren, nicht aber von Personen ohne Individualität gehört wurde, auf Prioritätsrechte der Individuen. Ob also die zuvor entwickelte Person Raum für die Deutung von Individuellem lässt oder ob das Dasein des Individuums Raum lässt für die anschließende Deutung als personales Geschehen, bleibt hier dahingestellt, wie ja auch die Entstehung von Leben und von Psychischem dahingestellt bleibt. Dahinstehen soll selbst, ob, was den Beginn von Gesellschaft betrifft, der Gewalthaber die Lücke in der Herleitung am besten schließt oder ob stattdessen eher an eine Hilfestellung der Natur gedacht werden müsste (Zuneigung, Gewöhnung) oder, nächstliegend, an beides, und zwar verbunden in einer naturgestützten Herrschaft (Sippe); den kategorialen Sprung vom Individuum zum Gesellschaftswesen erklären alle Varianten einschließlich der systemtheoretischen Annahme einer „Coevolution" (*Luhmann*, S. 367) doch nicht.

V. Wirklichkeit der Norm

A. Modelle

Die Aussage, ein Individuum könne in der Gesellschaft, als Person, sein Auskommen finden, ist bestenfalls bei generalisierender Sicht plausibel; dass jedes einzelne Individuum sein Auskommen auch wirklich findet, wird damit nicht behauptet, mehr noch, es wird als eher unwahrscheinlich ausgeschlossen. Zunächst muss freilich präzisiert werden, wovon die Rede ist.

Gesellschaft liegt vor, wenn das Verhalten der Individuen als Verhalten von Personen begriffen, was heißt, nach einer Sollensordnung gedeutet werden kann. Diese Aussage ist jedoch noch zu unspezifisch; denn schlechthin jedes Verhalten lässt sich nach schlechthin jeder Sollensordnung deuten: Entweder es entspricht der Ordnung oder widerspricht ihr. Deshalb lassen sich auf Gesellschaften auch ihnen selbst fremde Sollensordnungen projizieren, freilich mit dem Ergebnis, nahezu jedermann verhalte sich nahezu jederzeit als Normbrecher. Vertreter unhistorischer absoluter Gesellschaftsmodelle pflegen solcherart zu verfahren und prompt allenthalben Sünde oder Unterdrückung, jedenfalls Abfall vom Wahren zu orten. In einer derart übergestülpten Ordnung könnte kaum ein Individuum sein Auskommen finden und, beiläufig, kaum eine der konstituierten Personen sich als Subjekt begreifen. Da die Vertreter solcher Heilslehren nicht über Gesellschaft, sondern über ein von der stattfindenden Gesellschaft isoliertes Sollen handeln, werden ihre Ansichten hier nicht weiter verfolgt.

Ebenso wenig wird das Gegenteil des reinen Normativismus, also eine rein faktenorientierte Deutung, behandelt. Diese Deutung wiederholt die oben (III) grob skizzierte indi-

A. Modelle

viduell-instrumentale Welt, in der nicht Gesellschaft, sondern eine Anhäufung je individuellen Verhaltens stattfindet; Individuen verfolgen ihre Präferenzen, wobei die jeweils anderen einen Teil der Umwelt bilden. Ob innerhalb dieses Modells das Sollen überhaupt verabschiedet wird (Normrealismus, Rechtsrealismus) oder aber als Begriff für eine Prognoselage bleibt (Norm als Wirkungs-Chance, *Geiger*, S. 68), kann dahinstehen; denn das Sollen bleibt auch im letzteren Fall Derivat der auf empirisch Ermittelbares beschränkten „Wirklichkeit".

Bringt die Verbindung der rein normativistischen mit der realistischen Sicht einen Begriff von wirklicher Gesellschaft? Die Norm, so ließe sich argumentieren, gilt, wenn sie angewendet wird, was heißt, eine taugliche Verhaltensinterpretation abgibt, sei es, dass sie auf ein primär bezeichnetes Verhalten passt (Beispiel, das Tötungsverbot wird eingehalten), sei es, dass sie für den Fall einer Verhaltensabweichung das dafür, eben sekundär, vorgesehene Verhalten deutet, also das Sanktionsverhalten. Wirkliche Gesellschaft, Normgeltung, läge demnach dann vor, wenn alles Verhalten entweder als Normbefolgung verstanden werden könnte *oder* anderenfalls eine Sanktion erfolgte. Aber auch durch diese Verbindung lässt sich kein Begriff von Gesellschaft gewinnen, wie oben (IV C) auch bereits an einem Beispiel verdeutlicht wurde: Ein Gewalthaber, der Forderungen erhebt, die außer ihm selbst alle als bedrückende Umwelt verstehen, der aber in der Lage ist, jedes Nichtgenügen zu sanktionieren, setzt seine private, nicht aber eine gesellschaftliche Ordnung durch, und wenn dem Gewalthaber eine Clique zur Seite steht, so mag es innerhalb *dieser* Gruppe um eine gesellschaftliche Ordnung gehen, aber deshalb nicht auch innerhalb der Gruppe der anderen Normunterworfenen.

Die Wirklichkeit der Norm bloß im äußeren Vollzug der Sanktion ist Zwang, Natur, nicht aber Gesellschaft. Gesellschaft entsteht, wenn die Norm den die Kommunikation leitenden Maßstab abgibt, also bestimmt, an welches Verhalten wie kommunikativ anzuschließen ist. Die obige unspezifische

Aussage, Gesellschaft liege vor, wenn das Verhalten der Individuen als Verhalten von Personen begriffen werden könne, ist also dahin zu ergänzen, dass dieses Begreifen nicht von außen kommen darf, sondern in der Kommunikation der Normunterworfenen vorhanden sein muss: *Gesellschaft ist praktizierte personale Kommunikation.* Beispielhaft gesprochen: Wenn eine Verständigung lautet, die Wahrscheinlichkeit, dass man selbst erschlagen werde, sei vernachlässigenswert gering, und ein anderes Individuum zu erschlagen, sei wegen der höchstwahrscheinlich zu erwartenden Reaktionen unvorteilhaft, so hat das mit einer Orientierung an Normen nichts zu tun, sondern ist kognitive Orientierung an einer – mehr oder weniger günstig gestalteten – Umwelt. Wenn aber die Verständigung lautet, es sei nicht in Rechnung zu stellen, dass man selbst erschlagen werde, da es verboten sei, und deshalb sei auch das Erschlagen einer anderen Person keine diskutable Verhaltensalternative, so wird in dieser Verständigung Normgeltung produziert: Es geht um Gesellschaft.

Das letztgenannte Beispiel muss freilich sofort ergänzt werden: *Rein* normativ wird sich eine Erwartung kaum je bilden; denn eine Norm, die mit nennenswerter Wahrscheinlichkeit übertreten werden wird, bietet zumindest einem potentiellen Opfer keine taugliche Orientierung. *Allein* die normative Garantie, ohne kognitive Untermauerung, gibt zwar *der Person* immer noch alles, lässt aber in aller Regel *das Individuum* unbefriedigt; in einer solchen Lage dürften die Normen und damit die Gesellschaft kaum Wirklichkeit werden (unten VIII).

B. Verhaltensleitung?

Warum wird nicht schlicht formuliert, eine Norm sei wirklich, wenn sie entweder ein normgemäßes Verhalten bewirke oder aber, so das misslingt, ein (seinerseits normgemäßes) Sanktionsverhalten? Das „Bewirken" müsste dann freilich metaphorisch verstanden werden; denn das insbesondere strafrechtlich verbreitete Modell, die Norm sei ein Befehl, der den

„Menschen" erreiche, seinen Willen affiziere, der wiederum den Körper lenke etc., stellt die Norm als Beginn einer – gelingenden oder zumindest vom Normgeber intendierten – Kausalkette dar und ist damit nicht geeignet, die Verantwortung der Person für ihren Willen darzutun. Normen kausieren kein Verhalten, sondern geben Gründe, es zu vollziehen, und in diesem Sinne mögen Normen Verhalten leiten: Die beruhigende Vorstellung einer etablierten guten Ordnung mag einen Grund bilden, sich anzupassen. Aber nicht darauf kommt es an; denn die Norm mag übertreten werden, aber wenn die Übertretung als solche behandelt wird, zeigt das die Wirklichkeit der Norm: Ansonsten (ohne ihre Wirklichkeit) würde es sich nicht um eine Übertretung handeln (unten IX B 1 a).

Es kommt also auf das kommunikative Geschehen an, nicht auf die Leitung des Verhaltens, sondern auf die Bestimmung der gesellschaftlichen Beurteilung des Verhaltens, eben auf die Leitung der Kommunikation: *Eine Norm ist wirklich, wenn sie das maßgebliche Interpretationsmuster für das Verhalten von Personen liefert.* Das setzt personale Kommunikation voraus, und diese fehlt sowohl bei einer schieren Zwangsordnung als auch bei einer Ordnung, die ohnehin Eintretendes anordnet; beispielhaft, in einer Gruppe, in der mangels Interesses niemand erwägt, Zigarren zu rauchen, kann ein entsprechendes Verbot nicht wirklich werden, da es die Kommunikation nicht einmal am Rande berührt.

C. Norm und Subjekt

Auf der Ebene des Subjekts, also der sich begreifenden Person, kann, aber muss nicht eine analoge Situation zur gesellschaftlichen Verständigung bestehen. Freilich ist nicht ausgeschlossen, dass die Norm selbst bei einer Normübertretung für das Subjekt wirklich ist: Die Übertretung findet dann, wie man sagt, mit schlechtem Gewissen statt, was heißt, dass dem Individuum in dem vom Subjekt begriffenen Rahmen kein Auskommen gewährt wird. Die Übertretung hätte sich nur vermeiden lassen, wenn es gelungen wäre, das Auskommen in der Hintergrunderfüllung zu finden, die von der Vereinigung mit der Gruppe geboten worden wäre, – der Tod im Trauerspiel. *Emilia,* den Verführungen des Hofes erliegend: „Ehedem wohl gab es einen Vater, der seine Tochter vor der Schande zu retten, ihr den ersten, den besten Stahl in das Herz senkte" (*Lessing,* Emilia Galotti V, 8). – Das Selbstverständnis eines durch die betreffende Norm geprägten Subjekts mag aber auch überhaupt ausbleiben. Die zur Normbefolgung drängende Kommunikation ist dann nichts anderes als auf das Individuum einwirkende Gewalt. Das Individuum kann sogar bei der normativen Verständigung äußerlich mitmachen, nämlich wenn es sich keine Chance ausrechnet, sein Dissentieren werde verstanden werden, oder wenn es hofft, geäußerte Anpassung werde honoriert werden. Solange nur die Anpassung kalkuliert wird und nicht auch (oder gar einzig) die Ordnung der Welt durch die Norm, fehlt – jedenfalls was diese Norm betrifft – ein Subjekt.

Schließlich, und das bietet den Stoff für Tragödien, kann die Person (wie das Subjekt) sich spalten, indem sie von mehreren miteinander unvereinbaren Normen geprägt wird: die Norm der Freundschaft *versus* diejenige der größeren Gruppe (des Staates), – ein früher gegebenes Versprechen kann jetzt nicht mehr ohne Unehrlichkeit eingehalten werden etc. Wie dem auch sei, *ein* Strang der Person (oder des Subjekts) fordert das Opfer des anderen Strangs. *Moor,* nachdem er seine Geliebte ermordete: „Die Narben, die böhmischen Wälder! Ja, ja! Dies musste freilich bezahlt werden" (*Schiller,* Die Räuber V, 2). Es verhält sich wie bei zwei äußerlich so zusammengewachsenen Lebewesen, dass eines getötet werden muss, wenn das andere überleben soll; unter manchen Bedingungen, scil. wenn nur noch ein selbstwidersprüchliches Dasein möglich bleibt, gehen besser beide unter, und das pflegt in Tragödien ja auch zu geschehen.

Bei beidem, dem Trauerspiel wie der Tragödie, agieren Personen. Akzeptieren die Akteure ihre Personalität nicht, verstehen sich also nicht als Subjekte, so wird der Konflikt nicht als Besonderheit bewusst, bleibt vielmehr eine der üblichen Kalkulationsaufgaben, die sich dem Individuum stellen. Wer bei solcher Maßgeblichkeit seiner Individualität beharrt, kann nicht widerlegt werden: *Konsequente* Subjektivität setzt erst einmal *Subjektivität* voraus, und diese lässt sich aus der Sicht des Individuums nun einmal nicht erzwingen, vielmehr nur als eine Möglichkeit des Selbstverständnisses vorschlagen. Gegenüber „jemandem, der wirklich einen *lack of moral sense* hat oder der aus freien Stücken entschlossen ist auszusteigen", wäre normative Argumentation „sinnlos"; ihm lässt sich nur anbieten: „*take it or leave it*" (*Tugendhat*, S. 89).

D. Wirklichkeit der Norm als Prozess

Die Frage, die zu den vorstehenden Überlegungen trieb, galt dem Auskommen der Individuen in der stattfindenden Gesellschaft als in der Wirklichkeit der Norm. Die nunmehr fällige Antwort lautet, es müsse genug Auskommen gefunden werden, um Kommunikation fortzuführen. Was allseits als Gewalt interpretiert wird, tötet jede Gesellschaft, und was von einem sich artikulierenden Teil als Gewalt interpretiert wird, tötet die Gesellschaft in dem betroffenen Teil. Was aber nur vereinzelt, von isolierbaren Stellen, etwa auch vom Normbrecher selbst, als Gewalt interpretiert wird, hindert den Fortgang der Kommunikation nicht, lässt also die Norm wirklich bleiben. Das mag auf den ersten Blick an *Kelsens* Bindung der Normgeltung an die „Wirksamkeit" der Normen „im Großen und Ganzen" erinnern (S. 219), aber spätestens der zweite Blick sollte offenbaren, dass hier – anders als bei *Kelsen* – eine „Wirksamkeit" allein in der Sanktion nicht als hinreichend angesehen wird, da sich Kommunikation von Personen nicht durch Gewalt ersetzen lässt.

Im Ergebnis lässt sich die Wirklichkeit von Normen nicht als fixes Datum ablegen, sondern sie erscheint in einem Prozess, vergleichbar „Leben" oder „Bewusstsein"; was dabei eine Norm stabilisiert, mag einer anderen die Wirklichkeit nehmen, wie beispielsweise jüngst die Normen zur Garantie der Gleichberechtigung der Frau (als Person, aber nicht minder in einem Anspruch auf ein gleiches Auskommen als Individuum) nicht nur die direkt entgegenstehenden (Berufszugangsschranken, Lohnbeschränkungen), sondern etwa auch die Normen zum Schutz des Lebens Ungeborener hinweggefegt haben.

Änderungen der Normwirklichkeit können durch zwei unterschiedliche Gründe angestoßen werden (wobei hier die geschichtsphilosophische Frage dahinstehen soll, ob hinter diesen Gründen eine Einheit zu finden ist). Der *erste* Grund stellt sich bei der Betrachtung des Ziels der Normen ein: Dieses passt nicht (mehr) zu den ihre Zeit bestimmenden Generalklauseln – Vaterland, Freiheit, Fortschritt, Gleichheit, Sicherheit, Wohlstand etc. Der *zweite* Grund folgt aus der gesellschaftlichen Umwelt: Geänderte Bedingungen zur Befriedigung individueller Bedürfnisse lassen das Individuum im überkommenen Normensystem kein oder doch kein optimales Auskommen mehr finden. In beiden Fällen lassen sich die Konsequenzen nicht mit mathematischer Exaktheit bestimmen, sondern nur schätzen oder gar nur vermuten, und die Entwicklung läuft nicht in *ex ante* sicheren Bahnen, sondern erscheint erst als Resultante der heterogenen Kräfte, so dass sich der gesellschaftliche Rahmen nicht stets als Grenze bestimmter Inhalte ziehen lässt (*diese* Gesellschaft), sondern formal bleiben muss (überhaupt Gesellschaft). Die Normwirklichkeit – sie muss dauernd erhalten werden – ist deshalb so fragil und so stabil, wie es die Kräfte sind, von denen die Inhalte der maßgeblichen Kommunikationen bestimmt werden. Soll die gesellschaftliche Gestalt mehr sein als ein Zufallsprodukt des jeweiligen Augenblicks, so müssen diese Kräfte dergestalt kanalisiert werden, dass sie sich entweder gegenseitig paralysieren oder aber, falls dies nicht möglich ist, die Vielfalt der Strömungen integrieren, bis ein Wechsel im Großen und Ganzen akzeptiert werden kann: Beliebigkeit ermöglicht keine Gesellschaft, aber eindeutig ist nur Gewalt; dazwischen liegt die Wirklichkeit von Normen.

E. Gemengelagen

Eine Person hat innerhalb einer Gruppe eine Rolle inne, besitzt also eine durch normative Verständigung gewonnene Gestalt. In ihr werden Pflichten wie Rechte gebündelt, und in diesem Sinn wird ein Status begründet. Selbst in dem oben schon angeführten krassen Fall, in dem angesonnen wird, sich für die Gruppe zu opfern, handelt es sich um einen Status: *Dafür* ist die Person bestimmt, und deshalb kann sie nicht etwa einfach aus der Gruppe entfernt werden. In weniger extremen Fällen wird der Zusammenhag von Pflichten und Rechten deutlicher: Die Eltern müssen für die Kinder sorgen, aber dürfen auch deren Leben bestimmen; der zünftige Meister muss und darf produzieren und ausbilden; der Ministeriale muss verwalten, darf aber auch verlangen, zur Entscheidung hinzugezogen zu werden; der (nicht absolute) Fürst hat alle Rechte, trägt aber auch alle Pflichten der Staatsspitze.

In wenig entwickelten Gesellschaften mag es vorkommen, dass jemand nur ein einziges Mal Person ist (und ansonsten schlicht Individuum), nur Vater oder nur Waffenschmied oder nur ähnlich eng Umrissenes. In differenzierten Gesellschaften kumulieren die Rollen und lassen ihre Träger in vielerlei Hinsicht Personen sein (und als Individuen kaum noch erscheinen). Die Rollen mögen sogar von untereinander unabhängigen Gesellschaften angedient werden, so dass Techniken der Harmonisierung entwickelt werden müssen; das klassische Beispiel bilden die Regeln für Mitglieder des diplomatischen Verkehrs. Eine Gesellschaft mag freilich auch ihren Personen ansinnen, einen Status in einer anderen Gesellschaft nicht zu akzeptieren oder das jedenfalls nicht äußerlich erkennen zu lassen; das gilt etwa bei Angehörigen einer der Gesellschaft fremden Religion, Freimaurerei eingeschlossen. Die gewiss eleganteste Art und Weise, einen Rollenkonflikt zu entschärfen, liegt in der Trennung der Wirklichkeiten der Gesellschaft. Beispielhaft: Eine Gruppe klammert das Seelenheil ihrer Bürger aus und überlässt es der privaten Sorge. Man spricht dann von Religionsfreiheit, aber es mag auch um eine Entmachtung der Religion gehen, nämlich wenn es der Gruppe gelingt, sich ohne Religion stabil zu organisieren. Ebenso kann es sich bei der so genannten Meinungsfreiheit verhalten: Der Citoyen kann dadurch entmachtet werden, dass es der Gruppe gelingt, sich ohne Rücksicht darauf stabil zu organisieren, was jener auch immer meinen möge.

So oft wie jemand Person ist, so oft kann er sich als Subjekt begreifen, und wo er nicht Person ist, wird auch dieses Begreifen (als Begreifen von Wirklichkeit) ausgeschlossen. Dass es nur um *eine,* dann freilich universelle Person und *ein* sich so begreifendes Subjekt gehen könnte, wäre eine einigermaßen verwunderliche Vorstellung. Gewiss lässt sich ausmalen, man könne sich mit jedem Menschen in einer Gesellschaft befinden und diese Gesellschaft könne jedem Mitglied einen Mindeststatus einräumen; aber dass solches auch der Fall sei, ist allein mit der Vorstellbarkeit nicht ausgemacht, mehr noch, es verhält sich offenbar nicht so. Ein Individuum ist, wie eingangs gezeigt wurde, dem anderen genuin nichts als Umwelt, und um es aus diesem Bezugsrahmen zu befreien, bedarf es einer Aufgabe, die nur durch eine den Individuen *per se* unerreichbare Verbindung erfüllt werden kann, so dass die Individualität als maßgebliches Deutungsschema von der Personalität, also der Bestimmtheit durch eine Norm, abgelöst werden muss. Aber dieser gemeinsamen Aufgabe bedarf es auch! Wer für den Bestand einer Gruppe schlechthin unwichtig ist, kann nicht innerhalb der Gruppe die Stellung einer Person innehaben (dazu X).

Über die Gruppengrenze entscheidet, wer die Aufgabe stellt. Das war durch Jahrtausende hindurch der Staat. *Hegel:* „... indem er objektiver Geist ist, so hat das Individuum selbst nur Objektivität, Wahrheit und Sittlichkeit, als es ein Glied desselben ist. Die *Vereinigung* als solche ist der wahrhafte Inhalt und Zweck, und Bestimmung der Individuen ist ein allgemeines Leben zu führen; ihre weitere besondere Befriedigung, Tätigkeit, Weise des Verhaltens hat dies Substantielle und Allgemeingültige zu seinem Ausgangspunkte und Resultate" (Rph, § 258 Anmerkung). Das heißt nicht – auch nicht bei *Hegel* –, der Staat könne frei über den Inhalt der Aufgabe befinden; ohne Rücksicht auf die praktisch erreichbare normative Verständigung bliebe er schiere Gewalt. Es geht auch nicht darum, alle gesellschaftlichen Beziehungen außerhalb des Staates zu leugnen. Teils sind solche Beziehungen ohnehin mit der staatlichen Verwaltung verschachtelt, wie etwa bei der Familie (oder der Eltern-Kind-Beziehung als deren Rest) und (ehemals deutlicher als heute) bei der Ehe.

Ansonsten mögen sich die Individuen in freien Gesellschaften (also in Gesellschaften, die sich unabhängig von der Ausstattung eines Privatbereichs ihrer Mitglieder organisieren) in dem von der Gesellschaft unberührt gelassenen Bereich abermals vergesellschaften, insbesondere in Religionsgemeinschaften. Freilich sollte nicht jede Assoziation als eine solche Partial*gesellschaft* angesehen werden; vielmehr mag es sich auch um mutuell angenehme Beziehungen unter Individuen (Liebe, Lebensgemeinschaft, Freundschaft ohne gemeinsame Aufgabe) handeln. Dass Individuen auf eine solche Beziehung nicht verzichten können, die Beziehung also für sie eine Aufgabe erfüllt (etwa „Entlastung" zu ermöglichen), wandelt sie nicht *per se* zur gesellschaftlichen Beziehung, bleibt aber auch nicht ohne Auswirkung auf deren faktischen Bestand; denn eine Gesellschaft ist, wie gezeigt, nur wirklich, soweit die Individuen in ihr ein Auskommen finden. Beispielhaft gesprochen: Sexuelle Befriedigung befreit die Gesellschaft von manchen Attacken des Individuums auf ihre Wirklichkeit; aber jene ist nicht deshalb auch ihrerseits ein gesellschaftlicher Vorgang.

Dass die Subjektivität nicht etwas Uniformes, sondern den jeweiligen Rollen Entsprechendes ist, weiß wohl jeder, der nicht mehr Kind ist und seine Rollen akzeptiert; wer auch nur *eine* Rolle spielt, zu welcher der Anspruch gehört, aufrichtig zu sein (das kann auch die Rolle im Verhältnis zu einem Gott sein, der in das „Herz" schaut), kennt zudem das Dilemma bei der Harmonisierung der Ansprüche verschiedener Rollen und der Einrichtung eines gemeinsamen Minimums, also eines Ich als durchgehende Linie. Und wer selbstkritisch urteilt, weiß, dass er manche Rolle nicht als Subjekt akzeptiert, sondern als Individuum über sich ergehen lässt. Beispielhaft gesprochen: Bei der Abgabe ihrer Steuererklärung dürften die meisten Bürger nicht Subjekte, sondern Individuen sein, und dass viele Kriegsteilnehmer des Ersten Weltkriegs sich als Bürger, die ihren Status akzeptierten, in den Schlachten aufopfern ließen, lässt sich heute nur mit großer historischer Sensibilität verstehen, was heißt, man würde sich heute als Individuum in die Lage schicken – wenn überhaupt.

Im Ergebnis besteht also eine mehrfache Gemengelage: Teils geben individuelle Kalkulationen den Maßstab für die Regeln des Umgangs, teils Normen, und im letzteren Fall mögen Subjekte dies realisieren, oder aber Individuen nehmen die gesellschaftliche Welt als ihre Umwelt wahr. Manche Akkumulation von Individuen bleibt normlos, rein kognitiv organisiert; bereichsweise, etwa bei wirtschaftlichen Geschäften unter Fremden, dürfte die kognitive Behandlung einer Beziehung die einzig mögliche sein. Vielleicht bleibt aber auch in Enklaven der Gesellschaft das Bewusstsein einiger Mitglieder lebenslang allein beim Schema von Lust und Unlust, begreift also nie dasjenige von Pflicht und Willkür. Warum auch sollte ein rein am individuellen Nutzen ausgerichtetes Leben unmöglich sein? – Es verhält sich wie bei einer Mischung von Öl und Wasser: Beide Stoffe mögen geschieden sein, sich in Schlieren durchdringen oder molekularfein vermischen, homogen werden sie nie; auch wenn man sie praktisch nicht mehr trennen kann, wenn es also notwendig wird, sich auf eine Emulsion aus beidem einzustellen, bleiben ihre Substanzen unterscheidbar. – Mehr als eine Metapher ist das freilich nicht.

VI. Gesellschaft als Verständigung

A. Kognitives

Eine Norm ist nach hiesigem Verständnis ein Deutungsschema, dem folgend die Welt nicht als Resultante individueller Strebungen hinreichend geordnet ist, das vielmehr diese Strebungen einem übergreifenden Muster unterwirft, und zwar zum Vorteil der Gruppe (IV A 2). Was ein solcher Vorteil ist, hängt vom Stand der Konkurrenzen zwischen diversen existierenden Gruppen ab – es mag sich etwa um die Aufgabe eines jeden handeln, auf andere Rücksicht zu nehmen, vielleicht bis hin zur Aufopferung, oder gegen einen Feind tapfer zu kämpfen oder gottesfürchtig zu leben oder fleißig ein Gewerbe zu betreiben etc., jedenfalls aber, und das entscheidet, steht die Aufgabe nicht unter dem Vorbehalt individueller Nützlichkeit. Die Verständigung über eine solche Norm muss in mehrfacher Hinsicht erläutert werden, und zwar *erstens* der Begriff der *Verständigung* überhaupt, *zweitens* die Verständigung über die gesellschaftliche *Umwelt,* woraus sich dann *drittens* der Bereich der *Gesellschaft* als normative Verständigung erschließt.

Erstens, zum Begriff der Verständigung: Da die Norm nach hiesigem Verständnis im eigenen Bedürfnis der Gruppe gründet, und zwar nicht als bloße Resultante der aufeinander einwirkenden Bedürfnisse der Individuen, kann es bei der Verständigung nicht darum gehen, einen Konsens zwischen Individuen im Sinne eines Arrangements übereinstimmender Willkür herzustellen; „Verständigung" ist – was eine Norm angeht – vielmehr die Vergewisserung, dass eine Aufgabe besteht, also die Gewinnung des Wissens von etwas, das bereits besteht, nicht hingegen geht es um eine mehr oder weniger freie Schöpfung. Beispielhaft gesprochen: Wie man sich über die richtige Uhrzeit verständigt oder über einen einzuschlagenden Weg (man mag im Dunkeln tappen, aber jedenfalls führt übereinstimmende Willkür nicht weiter), so auch über den normativen Stand und damit die aktuelle Gestalt der Gesellschaft. Es geht bei diesem Vorgang freilich nicht um ein einzelnes Wissen als psychisches Faktum oder um mehrere solcher Einzelwissen, sondern um das Gewiss-Werden der Kommunikation: Ein Anschluss gegen das allgemeine Wissen kann nicht korrekt sein.

Zweitens, zur Verständigung über die Umwelt: Die Verständigung, also Festlegung der Kommunikation, bezieht sich nicht nur auf Normen, sondern auch auf die kognitive Welt. Das Hauptbeispiel bilden die Regeln der Logik und Mathematik, soweit störende externe Einflüsse (göttlicher Eingriff, freier Wille) ausscheiden. Beispielhaft gesprochen: An die Hinzufügung von drei Einheiten zu schon vorhandenen zwei lässt sich nur so anschließen, dass nunmehr derer fünf vorliegen; jeder andere Anschluss gilt als fehlerhaft. Weiterhin gehören hierher die alltäglichen Regeln des Umgangs mit der Außenwelt und die naturwissenschaftlichen Erkenntnisse, letztere jedoch nur unter einem sogleich noch zu erörternden Vorbehalt. Abermals beispielhaft: Dass ein Stein nicht in der Luft schwebe, dass Wasser bei Frost gefriere, dass Feuer auf der Haut schmerze, dass sich die Erde um die Sonne drehe, gilt als einzig anschlussfähig und das Gegenteil als nicht kommunizierbar.

Zum letztgenannten Beispiel lehrt freilich die Geschichte, wie die Grenzen der kognitiven Welt schwanken; wenn ein Gegenstand von der normativen, noch genauer zu behandelnden Verständigungsart okkupiert wird, mag die naturwissenschaftliche Sicht der Sache unmaßgeblich werden: Die Erde dreht sich nur dann nach Naturgesetzen um die Sonne, wenn es bei dieser Aussage um Wissenschaft und nicht um Gesellschaft, also nicht um normative Verständigung geht; im letzteren Fall mag auch das Gegenteil verbindlich werden. Wie dem auch sei, wohl jede Gesellschaft behandelt – in wechselnder Breite – Bereiche der Welt als Umwelt, klammert sie also aus der normativen Verständigung aus und erklärt sie zur Natur;

A. Kognitives

aber die Gesellschaft legt fest, um welche Bereiche es geht, wobei sich komplizierte Aufteilungen ergeben können. So mag eine Gesellschaft die Regeln der Logik als den Individuen vorgegeben ansehen und es doch als gesellschaftliches Problem behandeln, ob ein als Stifter der Gesellschaft gedachter Schöpfer an diese Regeln gleichfalls gebunden ist oder ob sie nur kraft seines wandelbaren Willens gelten. Jedenfalls behandelt die Gesellschaft der modernen, technisierten Welt die Naturwissenschaften als einen Bereich, dessen Aussagen nicht unmittelbar gesellschaftliche Bedeutung haben, mit anderen Worten, die normative Verständigung hat sich vom Stand dieser Wissenschaften abgekoppelt. Was auch entdeckt oder bewiesen werden mag, die Gestalt der Personen oder – in der Binnensicht – der Subjekte wird nicht berührt. Das muss nicht immer so bleiben – vielleicht wird mancher technisch-naturwissenschaftliche Umgang mit der Natur bald als etwas Unheiliges, also Gesellschaftszerstörendes, verstanden werden –, verhält sich aber jedenfalls in der Hauptsache zur Zeit noch wie beschrieben.

Die genannten Gegenstände sind Umwelt der Gesellschaft, was nicht heißt, sie seien unwesentlich, sondern einzig, dass sie kognitiv behandelt und erledigt werden. Für das Gelingen eines sozialen Kontakts ist es, beispielhaft gesprochen, zwar gleichermaßen wichtig, dass ein Verbot gegenseitiger Verletzung besteht wie dass die tödliche Wirkung eines heftigen Schlags auf einen Kopf bekannt ist. Wenn die Gesellschaft aber letzteres den kognitiv zu behandelnden Fragen der Umwelt zuschlägt, so deshalb, weil sie nach gängiger Weltsicht nur in einer einzigen, von allen einsehbaren Weise beantwortet werden können, dies mit der Folge, dass ein uneinsichtiges Individuum (nicht: ein nur unaufmerksames) etwas kommunikativ schlechthin Irrelevantes beiträgt: Es muss inkompetent sein, vielleicht ein Kind, vielleicht ein erwachsener Dummkopf, jedenfalls unmaßgeblich. Konkret: Wer nicht weiß, dass ein Kopf keinen heftigen Schlag verträgt, kommt schon deshalb nicht weit, weil er seinen eigenen Kopf nicht genug schont; wer meint, zwei plus drei ergebe vier oder sechs, wird mit seinen Alltagsplanungen bald scheitern, etc. Die Regeln der kognitiven Welt sind also durch die Gefahr einer *poena naturalis* gesichert, und in die Gefahr einer solchen Strafe begibt sich kein Verständiger, selbst nicht in größter Not; denn auch dann bleibt zwei plus drei gleich fünf, was heißt, dass gegenteilige Annahmen nicht aus der Not herausführen. Mit anderen Worten, die Notwendigkeit, die Regeln der gesellschaftlichen Umwelt zu beachten, lässt sich jedem – selbst wenn er im Stadium eines Individuums beharrt – *ad oculos* demonstrieren; dadurch wird Verständigung garantiert. Wer gegen die Regeln handelt, entwirft eine unmögliche Welt und ist deshalb nicht weiter ernst zu nehmen.

In der Welt der Individuen gibt es nur solche kognitiven Regeln. Freilich geht das Individuum als unbeschränktes Wesen mit den Regeln in seiner eigenen Welt um und bestimmt sie nach der Brauchbarkeit für sich selbst. Für Personen, in der Gesellschaft, also bei normativer Verständigung, werden die Regeln als Regeln der Umwelt des Gemeinsamen ihrerseits etwas Gemeinsames und in dem Sinn zu einer objektiven Welt, als sie nunmehr nicht durch die Brauchbarkeit für das einzelne Individuum, sondern durch die Anschlussfähigkeit in der Kommunikation festgelegt werden. Anders formuliert: Nur Personen begreifen die Umwelt als abtrennbar, objektiv.

Die Anwendung der kognitiven Regeln verhindert allerdings „nicht den Streit, nicht den Hass, nicht den Zorn, überhaupt nichts, zu dem ein Trieb uns rät ... Das ist kein Wunder. Denn die Natur wird nicht durch die Gesetze der Vernunft eingeschränkt ..., sondern durch unendlich andere, die die ewige Ordnung der gesamten Natur betreffen, von der der Mensch nur ein kleiner Teil ist und deren Notwendigkeit allein Sein und Wirken aller Wesen bestimmt" (*Spinoza*, S. 471). Wären auch die Regeln, die „Streit" und „Hass" und „Zorn" verbieten, von eben der kognitiven Art, so gäbe es keine Gesellschaft – Personen (Subjekte) wären funktionslos –, sondern es gäbe nur ein prästabiliert harmonisches Miteinander wissender Tiere, wie in einem Bienenvolk, nur nicht über Anlage und Trieb, sondern über zwingende Einsicht gesteuert. Norm und Befolgungsmotiv wären identisch. „Das Erkennen als Aufhebung der natürlichen Einheit ist der Sündenfall, der keine zufällige, sondern die ewige Geschichte des Geistes ist. Denn der Zustand der Unschuld, dieser paradiesische Zustand ist der tierische. Das Paradies ist ein Park, wo nur die Tiere und nicht die Menschen bleiben können. Denn das Tier ist mit Gott eins, aber nur an sich. Nur der Mensch ist Geist, das heißt, für sich selbst" (*Hegel,* Geschichte, S. 413).

B. Normatives

Drittens, zur normativen Verständigung: Diese „Aufhebung" der „natürlichen Einheit" hat „die Menschen" von Gott und damit auch voneinander isoliert, und sie bleiben es, wenn nicht das allgemeine Wissen von einer gemeinsamen Aufgabe gelingt, eben normative Verständigung. Freilich lässt sich eine Norm, anders als eine kognitive Regel, nicht jedem Individuum zwingend als vorzugswürdig demonstrieren, wie sich schon allein an der riesigen Zahl konkurrierender normativer Ordnungen zeigt. Zwar mag man formulieren, für eine Person sei Normbefolgung vorzugswürdig, da die Person ansonsten zerstört würde, aber dass Person-Sein vorzugswürdig und im Blick auf welche Normen Personalität zu wählen wäre, ist damit nicht ausgemacht. Beispielhaft gesprochen heißt das: Niemand kann auf Dauer gegen die Regeln der Logik, der Mathematik und die Gesetze der Natur seine Begierde befriedigen, er wird früher oder später scheitern. Aber sehr wohl lässt sich die Begierde gegen das Tötungsverbot, gegen das Diebstahlsverbot etc. befriedigen, und ebenso mag die eine normative Ordnung ansinnen, was eine andere ausschließt.

Dem Mangel an individueller Vorzugswürdigkeit, den soziale Normen nun einmal aufweisen, durch die Drohung abzuhelfen, im Übertretungsfall werde dem Täter ein Übel zugefügt werden, etabliert die Norm zwar als Gewalt im Bereich der Individuen, bringt aber keine Personalität. Bei dieser Lage gibt es einen und nur einen Weg, um einer Norm zur Wirklichkeit zu verhelfen: Es wird der Person aufgegeben, *selbst* Gründe für die Vorzugswürdigkeit der Normbefolgung zu beschaffen, was heißt, es gilt als Fehler der Person (und nicht der Norm), wenn die Norm übertreten wird. Als Beispiel mag das Verbot genommen werden, einen anderen Menschen zu erschlagen, während in der Kalkulation eines Individuums mit seinem Schema von Lust und Unlust alles für eine Tötung spricht. Woher soll das Individuum normgemäße Motivation beschaffen? Die Antwort lautet, indem es in der Außensicht – der Sicht von den anderen her – nicht um ein Individuum gehe, sondern um eine Person, sei die Beschaffung normgemäßer Motivation zu deren eigener Angelegenheit geworden; eine Person sei dadurch definiert, dass sie ihre Rolle erfüllt. Mehr noch, je plausibler das Individuum Gründe für eine Normübertretung darlegt, umso stärker hat die Person vor der Norm versagt: Man habe zur Normbefolgung schlechthin keine Lust verspürt, hingegen zur Normübertretung große, dürfte das überhaupt schlechtest mögliche Verteidigungsvorbringen sein.

Man wird fragen, wie die Person es faktisch hinbekommen soll, genügend Bereitschaft zu normgemäßer Motivation aufzubringen. Die Frage ist freilich falsch gestellt; denn die Person wird, was ihr Wollen angeht, durch die Aufgabe, also durch das Sollen, konstituiert, nicht durch ihr Können. Die traditionelle Sicht kommt übrigens zum gleichen Ergebnis, indem sie einen Begriff einführt, in dem sich Sollen und Können verbinden: Willensfreiheit. Ob es je gelungen ist, dem Begriff einen konsistenten Inhalt zu geben, der über denjenigen der Zuständigkeit für einen Willen, also das Wollen-Sollen, hinausgeht, kann hier dahinstehen: Wer kein Theodizeeproblem zu lösen hat, kann auf diesen weiterreichenden Inhalt verzichten und sich mit der normativen Verbindung begnügen (soweit ungewöhnlicher Zwang und vergleichbare Störungen fehlen, IX B 2 a). Eine andere Frage ist es, wie eine gewisse kognitive Garantie normkonformen Verhaltens geleistet wird, ohne die es ausgeschlossen ist, dass die normative Verbindung wirklich die Orientierung leitet. Wie noch zu zeigen sein wird, hat im

Fall der Strafe der Straf*schmerz* die Funktion, nach einem Normbruch die Erosion der kognitiven Untermauerung der gebrochenen Norm zu verhüten (IX C 2 b).

Beim Begriff der normativen Verständigung geht es um die Feststellung, dass die Norm verbindliches Interpretationsmuster ist, wobei „verbindlich" besagt, die Person habe selbst für Normbefolgungsbereitschaft zu sorgen. Der Vorgang dieser Verständigung ist Gesellschaft. Es geht um eine Feststellung, die so, wie sie ausfällt, ausfallen muss, und nicht etwa um eine Einigung, die auch anders ausfallen könnte; denn ein neues Deutungsschema ergibt sich nicht aus einer Übereinstimmung der Willkür in der instrumentalen Welt der Individuen, sondern aus einer kommunikativ verbindlichen, den Individuen nicht verfügbaren und in dem Sinn objektiven Aufgabe, die besteht oder nicht besteht.

Nicht selten werden die Beteiligten selbst zweifeln, ob eine Aufgabe besteht oder ob sich stattdessen die Macht einiger Individuen durchsetzt. So wird, wer sich von einer Ordnung Vorteile verspricht, mögen diese in materiellen Leistungen oder in der beruhigenden Gewissheit geregelter Verhältnisse bestehen, dazu neigen, diese Ordnung auch dort objektiv, also in der Aufgabe der Gruppe angelegt, zu sehen, wo sie es nicht ist. Beispielhaft gesprochen: Wer von einer bestimmten Wirtschaftsverfassung profitiert, wird diese dem Kernbereich der Ordnung zuschlagen, da ihn das von der Aufgabe enthebt, seine Begünstigung anderweitig zu legitimieren. Aber die Vertauschung von Gewalt und Aufgabe muss nicht auf schierer Bigotterie beruhen; sie kann vielmehr in Grauzonen leicht unterlaufen. Nochmals beispielhaft: Verliert die Notwendigkeit von Lebensschutz im allgemeinen Bewusstsein klare Konturen (Schutz auch für Ungeborene, niemals Euthanasie?), so mögen die alten Grenzen trotz ihrer Fragwürdigkeit so lange beibehalten werden, bis sich neue abzeichnen, innerhalb derer man sich im Großen und Ganzen arrangieren kann. Solange nicht verborgen wird, dass es um eine Fiktion geht, mag auch eine ihrer selbst sichere Gesellschaft in solcher Art verfahren.

VI. Gesellschaft als Verständigung

Wenn die gesellschaftliche Verständigung in der Feststellung – nicht der Festlegung – eines Standes besteht, so heißt das nicht, es werde die einzig mögliche Welt festgestellt, zu der es keine Alternative gebe. Abgesehen von einem nie sicher auszuschließenden Streit über den festzustellenden Gegenstand (Privateigentum an Produktionsmitteln als Teil der Ordnung?) bleibt stets auch die Möglichkeit, im Stadium eines Individuums zu beharren; die Notwendigkeit, sich selbst als Person zu verstehen, also Subjekt zu werden, kann einem Individuum nicht zwingend demonstriert werden (schon oben V C). Wer gegen eine in der gesellschaftlichen Verständigung festgestellte Norm verstößt, lebt also – anders als beim Verstoß gegen kognitive Regeln des Umgangs mit der Umwelt – nicht in einer unmöglichen Welt, sondern in der durchaus möglichen nur-individuellen Welt, in der er, ohne die Gefahr einer *poena naturalis* zu laufen, seine Lust maximieren mag.

Wenn eine normative Ordnung sich selbst freilich für absolut zwingend begründet hält, wird sie die Differenz zwischen kognitivem und normativem Bereich nicht herausarbeiten können. Erfolgen etwa, wie im historischen Materialismus, die Entwicklungsschritte der Gesellschaft naturgesetzlich oder hat ein Gott den richtigen Stand unmissverständlich geoffenbart, so können Dissidenten nur als geistig beschränkt begriffen werden. Sie sind dann als gefährliche Dummköpfe auszusondern – so bald, dass auf eine solche Maßnahme verzichtet werden könnte, wird sich eine *poena naturalis* in diesen Fällen nicht einstellen –, nicht aber als Personen für ihre Taten verantwortlich zu machen.

Allerdings kann ein solches absolutes Verständnis nur durchgehalten werden, wenn der Blick auf das Bunte der Geschichte wie der Gegenwart verstellt wird. Mit frei schweifendem Auge lässt sich nicht bezweifeln, dass zum einen ein angenehmes individuelles Leben auch ohne Teilnahme an der gesellschaftlichen Verständigung geführt werden kann und zum anderen diese Verständigung stets auch anders ausfallen könnte. Die „ewigen Wahrheiten", von denen *Spinoza* spricht (S. 473), sind solche des Individuums, der Natur, nicht der Gesellschaft, und

B. Normatives

wenn auch kein Individuum praktisch darum herumkommt, neben anderen zu leben, muss es doch nicht zwingend eine gemeinsame Aufgabe mit den anderen anpacken, also nicht zwingend gesellschaftlich leben. Bei dieser ungesicherten Lage würde sich Gesellschaft allenfalls ab und an glückhaft ereignen, wenn sie sich nicht selbst stabilisieren könnte. Diese Stabilisierung geschieht hauptsächlich durch eine Verfassung, die den Individuen im Großen und Ganzen ein Auskommen ermöglicht, daneben durch Sanktionierung der Normen (IX C).

VII. Innerlichkeit

A. Notwendigkeit von Subjektivität?

Eine Person entsteht nicht aus eigenem Entschluss, sondern dadurch, dass zumindest *eine* Norm in der Kommunikation als geltend behandelt, also wirklich wird: Wenn ein Gruppenwesen nach einem Schema von Sollen und Freiraum gedeutet wird, ist es Person; „Person" ist also ein Begriff der Außensicht. Das als Person gedeutete Wesen kann die Deutung für sich akzeptieren (oder auch antizipieren) und dadurch zum Subjekt werden, das nach einem Schema von Pflicht und Willkür agiert – so die Innensicht (oben IV A).

Zwischen der Außensicht und der Innensicht gibt es keine feste Bindung, insbesondere mag die Deutung als Person subjektiv ohne Resonanz bleiben, genauer, mangels Subjekts ins Leere fallen (aber auch die Umkehrung ist möglich, in der ein entwickeltes Subjekt resonanzlos auf die instrumentale Welt einer Gruppe von Individuen trifft). Außensicht und Innensicht müssen voneinander unabhängig sein, da ihre Ordnungsschemata unterschiedlich verwaltet werden: Die Außensicht wird durch die Gesellschaft bestimmt, die Innensicht durch das Bewusstseins des Einzelnen. Das heißt aber nicht, in der Außensicht könne nicht der Anspruch erhoben werden, die Innensicht möge sich ihr entsprechend gestalten (die gleichfalls mögliche Umkehrung bleibt nachfolgend unberücksichtigt). Die Erfüllung des Anspruchs kann zwar, da Gesellschaft nie zum Bewusstsein eines einzelnen wird und *vice versa,* nicht unmittelbar festgestellt werden, aber doch insoweit, als ein Bewusstsein in der Kommunikation dargestellt wird, wobei Darstellungsfehler, zumal bei Täuschungen, nicht auszuschließen sind. Trotzdem kann unterschieden werden, ob die Gruppe eine konforme Innensicht erwartet

A. Notwendigkeit von Subjektivität?

und auf diese hinwirkt oder sich aber mit der Außensicht begnügt.

Eine nur äußere Einbindung der Personen bringt der Gruppe wenig Sicherheit: Wer garantiert, dass der andere morgen so ist, wie er es heute verspricht? *Locke,* der in seinem Toleranzbrief versucht, religiöse Querelen aus dem Staat herauszuhalten, verlangt deshalb zur Garantie der Konstanz immerhin einen Glauben an Gott: „... diejenigen (sind) ganz und gar nicht zu dulden, die die Existenz Gottes leugnen. Versprechen, Verträge und Eide, die das Band der menschlichen Gesellschaft sind, können keine Geltung für Atheisten haben. Gott auch nur in Gedanken wegnehmen, heißt alles dieses auflösen" (Toleranz, S. 95). Radikaler fordert *Rousseau,* ein Staat müsse die „Gemeinschaftsgefühle" in einem „staatsbürgerlichen Glaubensbekenntnis" festlegen und jeden Ungläubigen mit der Begründung verbannen, er sei „unfähig, die Gesetze und die Gerechtigkeit aufrichtig zu lieben und im Notfall sein Leben seiner Pflicht zu opfern" (CS, S. 118 f.). *Rousseau* bring Außensicht und Innensicht zur völligen Kongruenz, indem er von einer „guten sozialen Einrichtung" erwartet, das „Ich" werde „in die Allgemeinheit" transformiert, dies mit der Folge: „Wer innerhalb der bürgerlichen Ordnung seine natürliche Ursprünglichkeit wahren will, der weiß nicht, was er will" (Emile, S. 12 f.).

Die Beschränkung auf die Außensicht findet sich bei *Hobbes.* „Da die Gedanken frei sind, hat ein Privatmann immer die Freiheit, die Taten, die für Wunder ausgegeben worden sind, in seinem Herzen zu glauben oder nicht zu glauben" (S. 340). Die damit erlaubte innere Distanz darf sich freilich nicht in einem Widerspruch zur Staatsräson äußern: „Gilt es aber, diesen Glauben zu bekennen, so muss sich die private Vernunft der öffentlichen unterwerfen" (a. a. O.). Das Gewissen ist für *Hobbes* eine „ideologische Größe", die in der „Staatsmaschine" nichts verloren hat (*Koselleck,* S. 19, 28), da der Verstand von ihm nur konterkariert werden kann.

Die Trennung von *fides* und *confessio* hat *Hobbes* den Vorwurf eingetragen, die Macht des von ihm konstruierten Staates sei „hohl und von innen bereits entseelt" (*Schmitt*, S. 84, 94). Allerdings nimmt *Hobbes* diese Entseelung nicht nur gezwungenermaßen mit in den Kauf, sondern intendiert sie. Indem er auf die *fides* verzichtet, erklärt er diese zu einer Nebensächlichkeit, und er geht dabei davon aus, dieses Verständnis werde sich durchsetzen. *Hobbes* kann nur deshalb darauf bestehen, die *confessio* müsse geleistet werden, weil er meint, diese Leistung könne vom Bürger erbracht werden, ohne dass sein Auskommen im Staat gefährdet werde. Dann aber kann der Bürger nicht hauptsächlich Gewissenswesen sein, sondern muss – wie später bei *Hegel* (Rph, §§ 129 ff.) – sein Gewissen selbst als etwas gegenüber dem Postulat der Gruppe Nachrangiges ansehen, mit anderen Worten, er muss die Kontingenz des eigenen Gewissens erkennen. Insoweit schafft *Hobbes* keinen Staat, der „entseelt" wäre, sondern er schält den in den Religionskriegen zur bunten Rinde degenerierten Glauben ab. Dass der Staat noch die *confessio* okkupiert, hat den Zweck, andere Stellen auszuschließen: Es soll keine *confessio* mehr geben, die mit dem Anspruch auftreten könnte, *fides* darzustellen. Nochmals mit anderen Worten: *Hobbes* gibt die Seele nicht preis, sondern löst sie auf.

Diese Auflösung geschieht zugunsten des Verstandes. Aber ein jederzeit seinen Status mit Hilfe seines Verstandes überprüfender Bürger bleibt ein unsicherer Zeitgenosse, und das Maß der von *Hobbes* akzeptierten Unsicherheit wird insbesondere darin deutlich, dass er dem individuellen Bürger sein Leben vorbehält (S. 163 ff., 170, 171). *Hobbes* versteht das Synallagma von Gehorsam und Schutz (S. 171) nicht saldierend, sondern individuell und aktuell. Von seinem Ansatz bei der Angst um das eigene Leben her gedacht ist diese Sicht nicht notwendig; denn das um sein Leben fürchtende Individuum handelt nicht nur verständig, wenn es sich einer Macht fügt, solange es von dieser geschützt wird, sondern auch dann, wenn es in einer Macht aufgeht, sofern diese aus der Sicht *ex ante* mehr leisten wird, als sie nimmt. Die klugen Individuen des *Hobbes* würden also auch einer Aufforderung folgen, sich *auf Gedeih und Verderb* als Bürger zu definieren, wenn sie

A. Notwendigkeit von Subjektivität?

sich davon nur mehr Gedeihen als Verderben ausrechnen, also zu dem Ergebnis kommen könnten, sie würden im Status des Bürgers als Individuen eher ihr Auskommen finden als außerhalb.

Indem *Hobbes* es dem Bürger erlaubt, sich in nur lauer Weise zu binden, gibt er ihm mehr, als zu seiner Akquisition notwendig ist. Hier, wo es – nicht um Gewissen, sondern – um die Konstanz des Bürgerstatus geht, „entseelt" *Hobbes* den Staat, indem er darauf verzichtet, eine Bürgerseele auch nur zu denken, und sich stattdessen mit der Krämerseele des Individuums begnügt. Diese Entseelung domestiziert zwar den Staat: Wenn er nicht mehr schützen kann, hat er abzutreten. Aber die Bändigung bringt hohe Kosten, indem sie jedem einzelnen in jeder Sekunde, in der es um sein Leben geht, das *jus naturale* der völligen Freiheit zuspricht und den auf lange Sicht für die Gruppe – und auf diesem Weg auch für einzelne – zu erzielenden Vorteil nicht mit in den Saldo nimmt.

Gewiss, die Forderung einer Bürgerseele garantiert nicht, dass sich in der Krise ein wirklicher Opferwille einstellt. Die nüchterne Annahme des *Hobbes,* faktisch sei nicht mit der Preisgabe des Lebens zugunsten der Gruppe zu rechnen, durfte in der Gegenwart (wieder) eine realistische Kalkulationsgrundlage bilden. Nur ist es eines, ein Verhalten zu prognostizieren, und ein anderes, es zu fordern oder zu beurteilen.

Basis einer Selbstdefinition als Subjekt wird die Gewohnheit bilden, in der Gruppe auskommen und ihre Regeln somit voller Zutrauen als Handlungsmaximen nehmen zu können. *Hegel* nennt diese Gewohnheit im Staat „die politische Gesinnung ... als die in Wahrheit stehende Gewissheit ... und das zur Gewohnheit gewordene Wollen. ... Diese Gesinnung ist überhaupt das Zutrauen ..., das Bewusstsein, dass mein substantielles und besonderes Interesse, im Interesse und Zwecke eines andern", nämlich des Staates, „als im Verhältnis zu mir als Einzelnem bewahrt und enthalten ist, – womit eben dieser unmittelbar kein Anderer für mich ist und Ich in diesem Bewusstsein frei bin" (Rph, § 268).

B. Subsidiarität der Subjektivität?

Eine andere Frage ist es, ob die Gruppe nicht nur erwartet, die Innensicht entspreche der Außensicht, sondern auch, ein bestimmtes Verhalten werde wegen des Subjekt-Seins und nur deswegen vollzogen. Zur Beantwortung ist zunächst daran zu erinnern, dass der Leib einer Person stets auch Leib eines Individuums ist und bleibt und deshalb jede Handlung aus dem Lust-Unlust-Schema folgt; die Person kann dieses Schema nicht überspielen. Bei dieser Lage ist ein Pflichtmotiv ein solches, bei dem die aktuelle Lust-Unlust-Bilanz in dem Vertrauen nicht gelesen wird, sie werde schon in Ordnung gehen. Die Bilanz wird dann nur noch über bewährte Symbole, eben die Normen, verwaltet, wobei freilich die Verschlüsselung oft im Dunkeln bleiben wird. Es steht also nicht ein reines Pflichtmotiv gegen ein individuelles Motiv, sondern ein auch durch Vertrauen in die Folgen der Pflichtbefolgung generiertes Motiv gegen ein solches, das ohne Blick auf die Pflichtenlage zustande kommt (nur-individuelles Motiv); mit anderen Worten, der Gegensatz lautet nicht Subjekt *versus* Individuum, sondern Subjekt mit dem Individuum harmonierend *versus* Nur-Individuelles.

Ist eine Berücksichtigung der Pflichtenlage im Einzelfall überflüssig, weil das von der Norm Geforderte sowieso im Interesse des Individuums liegt, besteht kein Grund, das rein individuelle Motiv gegen ein Pflichtmotiv auszutauschen; denn Willkür, deren Folgen bruchlos in ein personales System passen, muss nicht überdacht oder gar hintangehalten werden, da die Gruppe insoweit selbst unmittelbar auf Natur oder auf ihrer eigenen Praxis (Strafdrohungen!) beruht. Beispielhaft gesprochen: Ob Eltern ihre Kinder aus natürlicher Zuneigung behüten, aus Angst vor Strafe oder aus Pflicht, verschlägt nichts, weil allemal das Ergebnis pflichtgemäßen Verhaltens erreicht wird. Zwar wird eine Person durch die Erwartung definiert, sie werde für Motivation zur Normbefolgung sorgen, aber da sich die Person über ihren Leib vermittelt, kann es sich nur um eine Motivation handeln, die zur Steuerung des Leibes

B. Subsidiarität der Subjektivität?

notwendig ist, und wenn das Individuum bereits ohne Blick auf die Normenlage entsprechend motiviert ist, kann und muss das Subjekt – mangels Notwendigkeit – nichts mehr ausrichten.

Nun ließe sich einwenden, im geschilderten Fall des Verhältnisses der Eltern zu ihren Kindern werde das Pflichtmotiv gleichsam in Reserve zu der aus nur-natürlicher Verbundenheit resultierenden Motivation stehen. Sei das nicht anzunehmen, so erscheine die äußerlich korrekte Verhaltensgestalt bloß als Produkt der Natur und in dem Sinn als Zufall, etwa in dem Beispielsfall, dass ein Mann eine ertrinkende Frau zwar rette, dies jedoch einzig, um sie anschließend vergewaltigen zu können. Zur Entscheidung dieses Falls ist zunächst hervorzuheben, dass der Mann nicht die Rettung unterlassen sollte, sondern einzig die nachfolgende Gewalttat. Unterstellt, ihn treffe eine Pflicht zur Rettung, so muss als nächstes gefragt werden, ob er das Ergebnis pflichtgemäßen Verhaltens erreicht hat. Ist das der Fall, bedarf es keines Pflichtmotivs, da schon die Natur von sich aus die Motivation zum richtigen Verhalten bereithält.

Bedenken gegen dieses Ergebnis mögen daher rühren, dass eine mit Personalität unvereinbare Tat (die Vergewaltigung) rückwirkend den gesamten Zusammenhang (auch die vorangegangene Rettung) als Produkt faktisch egoistischer Motivation erscheinen lässt. Jedoch kommt es auf die Sicht der faktischen Seite nicht an: So wenig wie ein Anspruch auf Personalität allein deshalb endet, weil ihm faktisch nicht genügt wird, interessiert es, so ihm genügt wird, wie dies faktisch geschieht, wenn nur durch überhaupt zurechenbares Handeln. Das ist der materielle Gehalt von *Ulpians* Ausspruch „*cogitationis poenam nemo patitur*" (D. 48. 19. 18). – Übrigens dürfte die Frage nach der Motivgenese praktisch keine große Rolle spielen. Eine ununterbrochene Kette normgemäßer Handlungen wird nur produzieren, wer sich als Subjekt begreift, und von einem nur-individuellen Motiv bei zutreffender Handlungsgestalt wird man kaum je verlässlich erfahren. Jedoch kommt es nicht erst auf die Praxis an, vielmehr ist die

Frage nach einem zur Verhaltenssteuerung unnötigen Pflichtmotiv, wie gezeigt, schon theoretisch unangebracht.

Was zu einem Pflichtmotiv, das die Verhaltenssteuerung nicht beeinflusst, ausgeführt wurde, gilt freilich nur unter einer Einschränkung: Es muss um die Ordnung in einer Gesellschaft gehen, in der sich die Personen über ihre Leiber mitteilen. Soweit eine Gesellschaft ohne leibliche Vermittlung bis in die Gedanken reicht, also in der Gesellschaft mit einem allwissenden und personalen Gott und seinen inquisitorischen Statthaltern, oder wo sie diese Reichweite beansprucht (ohne den Anspruch je sicher durchsetzen zu können), wie in einer menschlichen Gesellschaft, die nicht nur auf eine Ordnung der Leiber, sondern auch auf eine solche der Seelen aus ist (mag es sich um einen totalen Staat oder um eine Liebesbeziehung handeln), gelten andere, eben unmittelbar motivbezogene Regeln. In solchen Gesellschaften mag es heißen: „Wer ein Weib ansieht ihrer zu begehren, der hat schon mit ihr die Ehe gebrochen in seinem Herzen" (*Matthäus* 5, 28). Alles das soll hier dahinstehen, und ergänzend sei vermerkt, dass eine Beurteilung der Praktiken der geläufigen totalitären Staaten, mit Gewalt die Gedanken ihrer Bürger zu regulieren, überhaupt nicht in diesen Zusammenhang gehört; denn solche Staaten begründen keine Ordnung für Personen, sondern sind Instrumente der herrschenden Individuen.

Die leibliche Vermittlung fehlt auch, soweit es nicht um gesellschaftliche Normen geht, sondern um Pflichten gegen sich selbst. Was solche Pflichten auch immer sein mögen – jedenfalls verkehrt das Ich mit sich selbst wohl nicht über einen Leib. *Kant* mag also recht haben, wenn er behauptet, einer Handlung fehle der „wahre sittliche Wert", solange sie „aus Neigung", nicht aber „aus Pflicht" vollzogen werde (GMS, S. 24); die Aussage müsste dann aber auf eine von der Gesellschaftlichkeit der Personen getrennte Sittlichkeit bezogen werden (wobei selbst in diesem Fall nicht gerade auf der Hand liegt, warum die Sittlichkeit mehr verlangen soll, als der gleichgerichteten Neigung ein *subsidiäres* Pflichtmotiv hinzuzugesellen, vielmehr allemal die „Moralität ... als feindseliger

Kampf gegen die eigene Befriedigung [zu] perenniere[n]" habe, *Hegel*, Rph, § 124 Anmerkung). Solange freilich die *gesellschaftliche* Sittlichkeit (und erst recht: Rechtlichkeit) zu behandeln ist, verfehlt eine solche Sicht die leibliche Vermittlung: Die in einer Liebesbeziehung – Ein Herz und eine Seele! – geläufige Frage „Was denkst Du?" ist eben eine Frage in einer *totalen* Beziehung; nur cine solche stellt auf die *fides* ab.

Im Ergebnis erwartet die Gruppe Subjektivität, also Akzeptation des Person-Seins, dies allerdings nur, soweit ein Pflichtmotiv zur Steuerung des leiblichen Verhaltens notwendig ist, und woran es fehlt, wenn schon die Natur, auch in Gestalt der Furcht vor Strafe, das für die Gruppe Zuträgliche leistet. Als Gegenleistung bietet die Gruppe – und sonst hat sie keinen Bestand – dem Individuum sein Auskommen. Das ist das Mindestprogramm einer Gruppe und zugleich das Programm des modernen Staates. Aus den „letzten Fragen" hält er sich in der Nachfolge von *Hobbes* heraus. Dies hat zu dem Diktum geführt, „der freiheitliche, säkularisierte Staat" lebe „von Voraussetzungen, die er nicht selbst garantieren" könne (*Böckenförde*, S. 93). Das Diktum dürfte zu relativieren sein, denn durch eine Ordnung, in der das Interesse der Einzelnen mit der Allgemeinheit vermittelt wird, kann der Staat „Zutrauen (das zu mehr oder weniger gebildeter Einsicht übergehen kann)" zwar nicht mit Sicherheit erzeugen, aber doch in hohem Maß nahe legen (*Hegel*, Rph, § 268). Auch wenn dieses Zutrauen nicht garantiert, dass die Mitglieder der Gruppe die „letzten Fragen" in gruppenstabilisierender Weise beantworten, bringt seine Verwaltung nicht wenig; denn indem die Mitglieder der Gruppe mit ihrem Zutrauen zugleich auf die Entscheidung der „letzten Fragen" verzichten, begreifen sie ihre eigene Kontingenz: Wenn das Zusammenleben mit Andersgläubigen offenbar möglich ist, kann der Glaube ebenso offenbar das Leben nicht total bestimmen. Die Werbung für diese Erkenntnis dürfte allemal so viel an Stabilität einbringen, wie der Zugriff auf die *fides,* der ja stets zu abgrenzenden Glaubenskämpfen zwingt.

C. Nochmals: nur Verstand?

Kant lehrt, jeder Verständige, selbst ein Teufel mit *Verstand*, werde bereit sein, den Anforderungen einer bürgerlichen Verfassung zu genügen (Frieden, S. 224; ein paar Zeilen weiter behandelt *Kant* freilich nicht nur verständige, sondern „vernünftige Wesen"), und wenn diese etabliert sei, leiste er jedem „(vermittelst der Obrigkeit, welche über beide Gewalt hat) die erforderliche Sicherheit" (Frieden, S. 203 Anmerkung): Nicht (zumindest subsidiäre) Subjektivität als akzeptierte Personalität wird vorausgesetzt, sondern einzig Verstand. Nun leitet der Verstand (als Vermögen zur Kalkulation von Vor- und Nachteilen) aus der bloßen Vorstellung allseitiger Rechtlichkeit nicht ab, der Staat bringe den optimalen *individuellen* Nutzen; denn dieser Nutzen mag sich, insbesondere durch schwer zu entdeckende Normbrüche, gewaltig steigern lassen. Da die Teufel, soll das Bild überhaupt etwas hergeben, nicht darauf aus sind, jedem das Seine zukommen zu lassen (in diesem Fall würden sie zu ihrer Zivilisierung keiner bürgerlichen Verfassung bedürfen), sondern es sich, wie menschliche Individuen, möglichst wohl ergehen zu lassen, muss zur Vorstellung allseitiger Rechtlichkeit das Wissen um die schmerzhaften Folgen eines Normbruchs hinzutreten, wenn der Verstand zur Normbefolgung hinleiten soll.

Soll aber einzig die Angst vor den Folgen eines Normbruchs die gesamte normative Struktur einer Gruppe stützen, so muss diese Angst allgegenwärtig und hinreichend groß sein. Den dafür erforderlichen totalitären Überwachungsapparat (nicht zu vergessen, auch die Überwacher müssen überwacht werden) hat *Fichte* zum Teil beschrieben (Naturrecht, S. 291 ff.), was *Hegel* spottend zusammengefasst hat: „Die Begrenzung der Freiheit soll selbst unendlich sein" (Differenz, S. 86). Die allein „vermittelst der Obrigkeit" geleistete Sicherheitsgarantie wird demgemäß kaum zu einer auch nur einigermaßen freiheitlichen Gruppenverfassung führen; die Garantie werden die Personen, wollen sie freiheitlich miteinander umgehen, schon dadurch selbst leisten müssen, dass sie mehr als ihren kalkulierenden Verstand einbringen, nämlich sich als Subjekt begreifen, zumindest aber die Vermutung, dies sei der Fall, nicht ausräumen.

VIII. Person und Zwang

A. Begriff des Zwangs

Schon zur Wirklichkeit der Norm wurde ausgeführt, ohne eine gewisse kognitive Untermauerung ermögliche die Norm keine Orientierung (V A): Der aus der Norm Berechtigte wird ohne diese Untermauerung nicht erwarten können, in der Gesellschaft sein Auskommen zu finden (und für den Verpflichteten gibt eine noch so gut begründete, aber nicht durchgesetzte Norm ein eher abstraktes, sein konkretes Dasein nicht erschöpfendes Deutungsschema). Wie das für die Institution „Norm" gilt, so nicht minder für alle anderen Institutionen, „Person" eingeschlossen: Auch diese kann die gesellschaftliche Orientierung rein kontrafaktisch nicht leisten.

Wenn erkennbar wird, dass Pflichten mit einiger Wahrscheinlichkeit nicht erfüllt werden, bricht mangels kognitiver Untermauerung – nicht die Berechtigung, aber – die Orientierungskraft der normativen Erwartungen an die Person zusammen, und die kognitive Vorsorge, es nicht zu einem Schaden kommen zu lassen, tritt an die Stelle des Vertrauens in die Wirklichkeit der Institution. Beispielhaft, wer verschließt nicht nachts seine Haustür, obgleich ohnehin kein Unbefugter eintreten *darf*, wer vertraut einem notorisch Pädophilen ein Kind an, obgleich dieser es nicht missbrauchen *darf*, wer hält nicht bei einem gegenwärtigen rechtswidrigen Angriff den Zeitpunkt der Notwehr für gekommen, obgleich der Angreifer so nicht weiteragieren *darf*, und wer begnügt sich mit der rechtskräftigen Titulierung eines Anspruchs, weil nunmehr feststeht, dass der Schuldner zahlen *soll*?

Kognitive Vorsorge lässt sich in zweifacher Art und Weise treffen. Erstens kann eine Person ihren *eigenen Freiraum* (IV

A. Begriff des Zwangs

A 2) so gestalten, dass es nicht zum Normbruch eines anderen kommt. Das ist in den ersten beiden der soeben angeführten Beispiele der Fall: *Normativ* wird einem potentiellen Eindringling nichts genommen, wenn man die Tür verschließt, und einem Pädophilen nichts, wenn man Kinder von ihm fern hält, mit denen er keine Recht zum Umgang hat. Das Verhalten des Vorsorgenden mag unfreundlich wirken, aber es bedarf zu seinem normgemäßen Vollzug keiner *besonderen* Erlaubnis; denn es ist Teil des *allgemein* Erlaubten, nämlich des Freiraums der Person, die vorsorgt. Anders verhält es sich bei der zweiten Art und Weise der Vorsorge, nämlich bei den Beispielen zur Notwehr und zur Zwangsvollstreckung: Hier wird (nicht notwendigerweise und ausschließlich, aber zumindest möglicherweise) in den Bereich eingegriffen, der dem anderen (dem Angreifer, dem Schuldner) *an sich* als sein Organisationskreis, sein Freiraum, zusteht; anders formuliert, der andere wird *gezwungen*.

Nachdem schon *Thomasius* den Begriff des Rechts im strengen Sinn auf das erzwingbare positive Recht reduziert (Cap. Prooem. IX), gibt *Kant* für die Verbindung von „Recht" und „Befugnis zu zwingen" die Begründung, Zwang sei gegen denjenigen freiheitsnotwendig, der sich als „ein Hindernis der Freiheit nach allgemeinen Gesetzen (d. i. unrecht)" verhält (MdS, S. 338): Zwang, der Unrecht verhindert, ist rechtlich erlaubt. Aber damit ist noch nichts darüber ausgemacht, wie sich der Zwang und der Personenstatus des Gezwungenen zueinander verhalten!

Feuerbach beschreibt dieses Verhältnis mit aller wünschenswerten Deutlichkeit, indem er dem „Zwangsrecht" den Inhalt gibt, „ein anderes vernünftiges Wesen nach Naturgesetzen zu bestimmen" (Kritik, S. 296, auch S. 120). Der Zwingende vertraut nicht mehr auf die Wirklichkeit der Personalität des anderen (also darauf, dieser werde seine Pflichten erfüllen), sondern hält sich durch die zwangsweise Übernahme der Organisation des anderen schadlos. Dem Gezwungenen wird also ein Teil seines Organisationskreises abgenommen: Er wird depersonalisiert, genauer, depersonalisiert sich selbst, indem er verantwortlich den Zwangsgrund schafft. „Behandlung als Person" ist mit „Bestimmung nach Naturgesetzen" unvereinbar, und die „Bestimmung nach Naturgesetzen" setzt sich beim Zwang durch.

Die Depersonalisierung betrifft allein die *Wirklichkeit* der Person, nicht ihre normative Konstitution; die Pflichten bleiben der Person (sonst ginge es in den genannten Beispielen nicht um Notwehr und Zwangsvollstreckung), nur ist die Erwartung, sie würden auch erfüllt werden, nicht mehr hinreichend kognitiv untermauert, und deshalb wird insoweit Selbstverwaltung durch Fremdverwaltung ersetzt. Das mag bei einem eher passageren Versagen nur eine vorübergehende „Delle" in der Personalität des Gezwungenen ergeben, keine andauernde Verformung; trotzdem handelt es sich auch dann um einen – zeitweiligen – Verlust der vollen personalen Wirklichkeit.

Hegel hat gemeint, um dieses herbe Ergebnis herumkommen zu können: Mache doch beim Rechtszwang der Zwang „das Recht gegen den Einzelnen geltend", und „der Wille an sich und für sich" sei auch „der absolute Wille eines jeden", also auch der Wille des mit Zwang Fremdverwalteten (Propädeutik, S. 57; Rph, §§ 91, 100). Aber das besagt lediglich, der Gezwungene könne als Vernünftiger nicht gegen den Zwang protestieren, müsse diesen sogar herbeiwünschen. Jedoch ändert das nichts daran, dass der „absolute Wille" beim Gezwungenen, soweit Zwang notwendig ist, völlig abstrakt bleibt, unentwickelt; er gehört zur normativ maßgeblichen (ihretwegen ist Zwang erlaubt), aber unwirklichen Seite der Person (auch *Hegel* spricht ausdrücklich nur von *einer* Seite des Zwangs): Dem Vertrauen auf diesen „absoluten Willen" und damit auf Personalität fehlt in der aktuellen Situation die kognitive Untermauerung, ohne die eine Orientierung an normativen Institutionen nicht möglich ist.

B. Selbst-Depersonalisierung

Hält die Notwendigkeit von Zwang an, so wird die Person des Gezwungenen heftiger deformiert; das Gesamtbild mag dann von der Depersonalisierung bestimmt werden und nicht mehr von der auch dann noch vorhandenen Restperson. Wenn sich ein „Mensch" voraussichtlich dauerhaft außerhalb der Normenordnung bewegt, „lädiert" er mich schon „durch die Gesetzlosigkeit seines Zustandes", und sofern es mir nicht gelingt, ihn doch dazu zu bringen, „mit mir in einen gemeinschaftlich-gesetzlichen Zustand zu treten", muss er „aus meiner Nachbarschaft … weichen" (*Kant*, Frieden, S. 203). *Kant* verlangt beim Eintritt in den „gemeinschaftlich-gesetzlichen Zustand" keine erkennbare Legalitätshaltung der Person, vielmehr soll der Staat mit Geschick dergestalt organisiert werden, dass „böse Gesinnungen" sich „einander aufhalten" (Frieden, S. 224; schon oben VII C). *Feuerbach* stellt ebenfalls nicht auf eine Legalitätshaltung ab, sondern argumentiert mit einer Art Tatprinzip: Eine „bloße Gesinnung" verletze keine Rechte und rechtfertige deshalb „durchaus keinen wirklichen Zwang" (Strafe, S. 28 f.).

Aber die Wirklichkeit einer Person ist wie jede Wirklichkeit einer normativen Institution an Bedingungen gebunden, die sich weder rein normativ noch durch gutes Meinen herstellen lassen. Eine Gesellschaft, die sowohl freiheitlich verfasst als auch auf hochgradig anonyme Kontakte angewiesen ist, kann bei einem sich drastisch aufdrängenden Verdacht, eine Person werde künftig Normbrüche von Gewicht begehen, nicht alle möglicherweise betroffenen Personen warnen; so muss sie – entgegen *Kant* und *Feuerbach* – vorbeugen (etwa durch Sicherungsverwahrung). Wer nicht die Obliegenheit erfüllt, sich als einigermaßen verlässlich personal Agierender darzustellen, wozu es in der Regel genügen dürfte, die bestehende Vermutung eines solchen Verhaltens nicht zu widerlegen, kann allenfalls eingeschränkt als Person behandelt werden; denn bereichsweise fehlt seiner Personalität eben die kognitive Untermauerung. Mit anderen Worten, das Ideal allseitig perfekter Personalität und das Optimum des praktisch Erreichbaren sind zweierlei.

Wirklich Person zu sein, ist kein ein für allemal erreichter Status, sondern eine fragile Stellung, die immer wieder durch ein adäquates Verhalten legitimiert werden muss und deshalb auch verloren gehen, insbesondere verspielt werden kann. Bei einer wohl geordneten und sicher etablierten normativen Lage wird der Verlust durch eine zu verantwortende Obliegenheitsverletzung bei der Selbstdarstellung eingeleitet und zudem wird ein Rückweg in die volle personale Wirklichkeit vorgesehen sein, aber dieser Weg muss dann auch begangen werden – Sänften stehen nicht bereit. Wirkliche Personalität ist nicht bedingungslos zu haben, insbesondere wird sie nicht aus Füllhörnern verteilt.

C. Zwangs-Entpersonalisierung

Zur Wirklichkeit der Person, zu ihrer gelingenden Selbstdarstellung, gibt es ein Gegenstück: Auch die Gruppe muss sich auf Personalität ausrichten, also die Person wirklich als Trägerin von Rechten und Pflichten behandeln, eben nicht nur als Verfügungsmasse. Nun liegt die Grenze dessen, was einerseits von einer Person zum allgemeinen Nutzen zu leisten ist oder was ihr genommen werden darf und welcher Verlust sie andererseits zur Verfügungsmasse degradiert, nicht ein für allemal fest. In extrem liberal verfassten Ordnungen (die den Gesamtnutzen auf dem Rücken der Vereinzelung erzielen) wird nicht einmal erwartet werden, dass in Not befindlichen Personen aus dem Überfluss der Glücklicheren geholfen wird, während bei einer die Personen stark verbindenden Ordnung selbst die Preisgabe des Lebens als *personale* Leistung gefordert werden kann: „Wer sein Leben auf Kosten der anderen erhalten will, muss es auch für sie hingeben, falls es sein muss" (*Rousseau*, CS, S. 33).

Eine Ordnung, die „Daseinsvorsorge" zentral organisiert, muss nicht nur einer das Dasein erschütternden Not einzelner

Personen durch ihre Funktionäre abhelfen, sondern sie muss dergestalt organisiert werden, dass sich die Not auch bei Abwesenheit der Funktionäre nicht zum Schaden auswächst: Die in Not befindliche Person kann sich die erforderlichen Subsidien dann selbst besorgen, solange der drohende Schaden erheblich mehr wiegt als der durch die Besorgung angerichtete (rechtfertigender Notstand), oder ein anderer kann ihr dergestalt helfen (Notstandshilfe) oder jeder, der kann, muss ihr in diesem Umfang helfen (ansonsten: unterlassene Hilfeleistung als strafbare Störung). Insoweit wird „der Eingriffsadressat ... als *Repräsentant* der Allgemeinheit zur Erfüllung eines Anliegens der *Allgemeinheit* herangezogen" (*Pawlik*, S. 123), was ihn freilich nicht sonderlich hart trifft; denn er erleidet nur einen passageren oder doch sehr klein bleibenden Nachteil und wird deshalb in *seinem* Dasein in der Gruppe nicht erschüttert.

Es kann freilich auch zu Situationen kommen, in denen ohne die Opferung von Personen Katastrophen gewaltigen Ausmaßes bis hin zum Untergang der Gruppe nicht zu vermeiden sind. Das gegenwärtig wohl am meisten diskutierte Beispiel bildet der Fall eines von Terroristen gekaperten, voll besetzten Passagierflugzeugs, das in Richtung auf ein mit tausenden Personen gefülltes Hochhaus gelenkt wird, aber vor dem Aufprall noch über unbewohntem Gelände abgeschossen werden könnte, freilich mit den dann für die Passagiere zu erwartenden Folgen. Der Lösungsansatz, die Passagiere seien ohnehin verloren, weicht dem Problem aus: Wenn aus dem Flugzeug eine Atombombe auf eine Stadt geworfen werden soll, wonach es mit seinen schadlos bleibenden Passagieren landen könnte, stellt sich die Frage nach der Opferpflicht vielleicht quantitativ, gewiss aber nicht qualitativ anders. Darf die Gruppe in Extremfällen das Leben von Personen opfern (oder kann sie sogar ein tätiges Selbstopfer verlangen, etwa wenn die Passagiere die Terroristen überwältigen könnten, dabei aber ihr Leben verlieren würden)? – Zur Verdeutlichung, gemeint ist ein Opfer *ex ante bestimmter,* also nicht anonymer Personen. Insofern liegt das Problem anders als etwa bei den Straßenverkehrsopfern, die *ex ante* die Chance haben, durch den Verkehr mehr zu profitieren, als die Gefahr eines Schadens wiegt. Wären die Opfer des Ausflugsverkehrs an einem Feiertag nicht nur der ungefähren Zahl nach *ex ante* bekannt, sondern auch individualisiert, fände dieser Verkehr nicht statt.

Eine Antwort auf die Frage nach der Opferpflicht individualisierter Personen lässt sich, wie schon ausgeführt wurde, nicht abstrakt gewinnen: Was verlangt werden kann, hängt von der normativen Verfassung der Gruppe ab, und zwar nicht von einer postulierten, nur ausgedachten Verfassung, sondern von der wirklich orientierenden. In den freiheitlichen Staaten nach den Weltkriegen des vergangenen Jahrhunderts ist aber die Pflicht zum Opfer des eigenen Daseins für sich nicht freiwillig zur Verfügung stellende Personen immer mehr verkümmert, und zwar selbst bei Rollen, zu deren Bild sie zuvor gehörte (Wehrpflichtige). Bei dieser Lage trifft die Annahme einer Opferpflicht in den skizzierten Situationen *neben* die wirkliche Verfassung; konkret, wenn die zu Opfernden lamentieren, Pech gehabt zu haben, wird sie niemand mit der Bemerkung rügen, es gehe um Pflichten und nicht um Glück oder Pech.

Freilich kann (und wird auch wohl) das Opfer erzwungen werden. Die Gruppe entpersonalisiert dann zum Vorteil vieler oder sogar zu ihrem eigenen Erhalt einige Personen zwangsweise: der Ausnahmezustand. Es gibt keinen Satz des Inhalts, alle Bedrängnisse müssten sich ausnahmslos in den Bahnen allseitiger Personalität lösen lassen; vielmehr haben verwirklichte (nicht nur gedachte) Normen Bedingungen, die nicht stets vorliegen.

IX. Reaktion auf Störungen

A. „Verletzung des Rechts als Rechts"?

Eine Gruppe, die jede Normverletzung durchgehen lässt oder eine Reaktion den näher betroffenen Personen anheim stellt, verliert ihre normative Struktur, aber eine Gruppe, die auf jede Normverletzung *als Gruppe* reagiert, wird sich in Kleinigkeiten verzetteln. Es muss also entschieden werden, auf welche Störungen hin zentral reagiert werden muss und inwieweit Reaktionen schadlos dem Ermessen betroffener Personen überlassen bleiben können. Der wohl bekannteste Ansatz zu einer Lösung differenziert wie folgt: Wenn eine Normverletzung das Prinzip des Bestands von Normen, „das Recht als Recht", verletzt (*Hegel*, Rph, § 98), wird die Gruppe *strafend* reagieren müssen, steht aber bei „Anerkennung des Rechts" nur eine „Subsumtion" im Streit (*Hegel*, Rph, § 85), genügt es, den Betroffenen den Gang zu einem Gericht zu ermöglichen, bei dem sie erreichen können, immerhin *schadlos* gestellt zu werden.

Die skizzierte Unterscheidung leistet jedoch nicht, was sie leisten soll; denn es gibt keinen Normbruch, der mit zumindest potentiellem Unrechtsbewusstsein vollzogen wird (der also bei hinreichender Rechtstreue nicht vollzogen würde), aber nicht als „Verletzung des Rechts als Rechts" (*Hegel*, Rph, §§ 95, 97), also nicht an sich als Straftat, zu qualifizieren wäre. Das soll an der Behandlung schlichter Vertragsverletzungen verdeutlicht werden: Auch zurechenbare Nicht- oder Schlechtleistung ist, wie *Hegel* scharf gesehen hat, „insofern erster Zwang oder wenigstens Gewalt, als ich ... eine schuldige Leistung ... vorenthalte" (Rph, § 93 Anmerkung). Man mag dagegen mit *Hegel* selbst argumentieren: Der Wille beim Vertrag sei zwar ein gemeinsamer Wille der Vertragspartner, aber kein allgemeiner (Rph, § 75), und Aufgabe der Gruppe könne nur die Bewahrung des Allgemeinen sein. Aber selbst dann wird bei Vertragsverletzungen der Rechtssatz *pacta sunt servanda* „als Recht" verletzt. Mit anderen Worten, auch wenn der Inhalt eines Vertrags auf privater Willkür beruht, so gehört doch der Satz *pacta sunt servanda* zur normativen Gruppenverfassung.

Im Ergebnis wird es wohl darauf ankommen, welche Funktion die Gruppe nach ihrem Selbstverständnis hat. Geht es um die Absicherung von Verträgen und um sonst nichts, etwa weil sich Personen ansonsten nicht „berühren" können, wird selbst eine Vertragsverletzung als Störung der Gruppe imponieren, geht es um eine „Ammenwirtschaft", wird auch die Pünktlichkeit des Milchmädchens durch die Gruppe zu garantieren sein, wohingegen eine Gruppe mit kraftvollen und selbständigen Hauptpersonen die Reaktion in weiten Bereichen der „Personalverletzung" privater Initiative überlassen kann (so bei der *iniuria* des römischen Rechts; *Mommsen*, S. 784 ff.). – Die folgenden Ausführungen zur Reaktion auf Störungen setzen voraus, es liege mehr als irgendeine Normverletzung vor, nämlich eine Störung der Art, die eine strafende Reaktion der Gruppe nach deren Selbstverständnis legitimiere.

B. Zurechnung

1. Modelle

a) Nur-formelle Personalität

„… wir können nichts erklären, als was wir auf Gesetze zurückführen können, deren Gegenstand uns in irgend einer möglichen Erfahrung gegeben werden kann" (*Kant*, GMS, S. 96). Ein Individuum lässt sich nur in seiner Leiblichkeit erfahren; denn der Trieb des anderen, seine Willkür, seine Berechnungen werden nicht über die Sinne aufgenommen. Das Individuum entsteht für das „Wir" (das Subjekt im *Kant*-Zitat) erst durch die Ordnung, durch das Handhabbar-Machen des vom Leib Erfahrenen, wobei diese Ordnung in der kausalen Verknüpfung des Erfahrenen besteht. „Trieb", „Willkür", „Berechnung" sind Namen für komplizierte Verschachtelungen von Kausalitäten, für *black boxes,* von denen sich immerhin sagen lässt, *dass* sie einen Input kausal zu einem Output verarbeiten.

Hingegen entsteht die Person aus einem Ordnungsunternehmen, bei dem es darum geht, die Wirklichkeit von Normen, Gesellschaft, zu begreifen. Gewiss wird auch die *Wirklichkeit* von Normen durch kausale Abläufe bedingt – die Person ist ohne das Individuum nicht vorhanden –, jedoch lässt sich die Wirklichkeit nicht wegen der kausalen Abläufe als eine solche von *Normen* verstehen – und zwar von sozialen Normen, nicht von „Normen" der Natur –, sondern weil eben auch diese Normen ein passendes Deutungsschema dafür liefern, weshalb die Wirklichkeit so ist, wie sie ist, und nicht anders. Das Deutungsschema „Kausalität" wird dadurch nicht beseitigt, aber entmonopolisiert. Der „Gegenstand" von Normen, Handlungen von Personen, erscheint allemal auch als Verhalten der Leiber von Individuen in der Welt und kann insoweit „in irgend einer möglichen Erfahrung gegeben werden"; aber die Person mit ihrem Schema von Sollen und Freiraum (oder in der Innensicht des Subjekts: von Pflicht und Willkür. – IV A 2) kann im Teil „Sollen" („Pflicht") nicht Gegenstand der Erfahrung werden. Deshalb lässt sich mit Hilfe der Person nichts im *Kantischen* Sinn „erklären"; in einem anderen, nämlich nicht-kausalen Sinn mag man freilich von einer Erklärung sprechen: Ein gesellschaftliches Ereignis wird erklärt, indem es als normgemäß dargestellt wird oder aber als – zum Lob oder zum Tadel – zurechenbar; hingegen wird ein natürliches Ereignis durch Einordnung in das Kontinuum des Kausalgeschehens erklärt.

Personen kann zugerechnet werden, was heißt, das Erfahrene lasse sich als Emanation einer Person deuten – der (immerhin!) Normalfall der Person – oder sogar als Supererogation – es erfolgt lobende Zurechnung – oder als Defizit an personaler Emanation – dann bleibt nur zu tadeln. Und was ist

Emanation einer Person? Das Verhalten des Leibes, welcher auch der Person zugeordnet wird und das wegen dieser Zuordnung nicht nur in einem äußerlichen, sondern – wie die Person selbst – in einem normativen Zusammenhang steht. Die Verknüpfung zwischen Person (Subjekt) und Leib wird traditionell als Wille verstanden; dieser soll den personalen Anfang der leiblichen Äußerung bezeichnen, also freier Wille im Gegensatz zu triebgebundener Willkür sein. „Das vernünftige Wesen zählt sich als Intelligenz zur Verstandeswelt, und, bloß als eine zu dieser gehörige wirkende Ursache, nennt es seine Kausalität einen Willen" (*Kant,* GMS, S. 89; siehe auch oben IV E 1). Statt vom freien Willen wird im hiesigen System vom *Verhalten einer Person* (eines Subjekts) gesprochen, also davon, dass die Norm in der Außensicht (oder der Innensicht des personal Handelnden) das maßgebliche Deutungsschema abgibt.

Nach dem soeben skizzierten Verständnis von Zurechnung erfolgt tadelnde Zurechnung wegen eines Ereignisses, bei dem die Wirklichkeit der Person *fehlt,* durchaus vergleichbar mit dem traditionellen Verständnis, bei dem tadelnde Zurechnung wegen des *Fehlens* eines freien Willens, eben wegen der Bindung an den Trieb und des Fehlens von Vernunft, stattfindet. Jedenfalls bleibt zu erklären, welchen Sinn eine Zurechnung zu einer nicht wirklichen Person haben soll. Ein Fehler wird demjenigen zugerechnet, der ihn begangen hat, und bei diesem kann es sich nicht um ein Stück Natur handeln, sondern nur um jemanden, dem angesonnen werden kann, sich als Teilnehmer der normativen Verständigung zu begreifen. Insoweit wird einer *formellen* Person zugerechnet, „formell" im Sinn eines zur Person geeigneten, aber nun einmal nicht realisierten Wesens; wiederum lässt sich ein Vergleich zur traditionell formulierten Lage ziehen, bei der einem nicht zur Vernünftigkeit entwickelten und in dem Sinn nur formell vernünftigen Wesen zugerechnet wird.

Von der Frage, wer sich fehlerhaft verhalten hat, ist die weitere Frage zu trennen, wer Adressat der Zurechnung insoweit ist, als ihm die Vergewisserung über die Fehlerhaftigkeit des zuzurechnenden Verhaltens gilt. Für diese Position als Adressat des Zurechnungsurteils reicht bloß formelle Personalität (wie bloß formelle Vernünftigkeit) nicht hin, da die nur formelle Person (der nur formell Vernünftige) an die Zurechnung so wenig richtig anschließen kann, wie sie (er) zuvor an die Norm richtig angeschlossen hat. Zwar wäre denkbar, die Person könne mittlerweile, also zwischen dem zuzurechnenden Ereignis und der Vornahme eines Zurechnungsaktes, (wieder) wirklich geworden sein; dies brächte freilich keine Lösung; denn es könnte kaum befriedigen, das verstockte Individuum, das in seinem Verhalten die Person auf Dauer nicht wirklich werden lässt, von tadelnder Zurechnung verschonen zu müssen. Weiterhin könnte als Adressat eine Person fingiert werden: Sie sollte vorhanden sein und deshalb wird verfahren, als sei sie vorhanden. Allerdings hätte eine vorhandene Person keine tadelnd zuzurechnende Handlung vollzogen; der *Soll*gestalt dessen, der nicht an die Norm anschloss, kann aus diesem Grund die Zurechnung nicht eher (aber auch nicht später) gelten als jeder anderen Person.

Es bleibt nur die Möglichkeit, die tadelnde Zurechnung überhaupt nicht speziell an denjenigen adressiert zu denken, um dessen Verhalten es geht, sondern als an alle Personen unter Einschluss des Täters gerichtete Vergewisserung über die – trotz der normwidrigen Handlung – weitere Geltung der die Person und damit die Gesellschaft konstituierenden Norm. Der Täter des Ereignisses mag an dieser Vergewisserung auch in seiner Innensicht teilnehmen, wenn er sich immerhin nach dessen Herbeiführung als Subjekt versteht; es mag sogar von ihm erwartet werden, dass er dies leistet, dass er also die Vergewisserung über die Norm auch als seine eigene Daseinsmöglichkeit begreift. Aber konstitutiv für die Vergewisserung ist diese Teilnahme in der Innensicht nicht: Besteht Einigkeit, dass der Täter eine Norm verletzt hat, was heißt, nicht Person war, aber hätte Person sein sollen, so ist die Norm auch dann wirklich, wenn er selbst dissentiert oder etwa mittlerweile gestorben ist.

Da es für die Wirksamkeit der Norm nicht auf das Verhalten (und ebenso wenig auf die Motivation) eines Einzelnen ankommt, sondern auf den Anschluss, den das Verhalten findet, da also entscheidet, ob der Gegenentwurf (gegen die Norm) des Täters akzeptiert – Anschluss – oder verworfen wird – kein Anschluss –, kann eine Norm nicht endgültig als Verhaltenslenkung, als Imperativ, vielmehr nur als Institutionalisierung des Anschlusses zu verstehen sein. Ob ein Einzelner einem Imperativ folgt oder nicht, hat auf die Wirklichkeit der Norm keinen Einfluss, solange nur an die Befolgung und nicht an die Nichtbefolgung angeschlossen werden kann (und eine Befolgung, an die niemand anschließt, wäre verlorne Liebesmüh). Allerdings lässt sich schadlos aus bestehenden (!) kommunikativen Regeln ein Imperativ ableiten; solange er bezeichnet, was vom Einzelnen wirklich erwartet wird, also als zur Kommunikation derivativer Begriff, mag er verwendet werden. Etwa auf die Norm gegen Tötung bezogen bedeutet das, es komme für ihre Wirksamkeit nicht primär darauf an, ob ein Einzelner sich bei seinem Verhalten normgemäß motiviere, sondern ob, wenn er nicht so verfahre, seine Motivation desavouiert werde oder Bestand habe (oben V B).

b) Selbststeuerung

Die soeben skizzierte Deutung tadelnder Zurechnung bezieht sich auf den Motivationsvorgang, auf den „Kopf" der Person. Aber ein solches Verständnis ist nicht das einzig mögliche, sondern setzt voraus, dass das Verhalten der Person als planvolle, jedenfalls kalkulierbare Gestaltung der Umwelt verstanden wird, nicht hingegen als Schicksal, also nicht als Vollzug von Unausweichlichem. Dieses Verständnis verweist auf eine entzauberte Welt, in der man „die Lebensbedingungen, unter denen man steht, ... wenn man nur wollte, jederzeit erfahren könnte"; es gilt also als ausgemacht, „dass es ... prinzipiell keine geheimnisvollen unberechenbaren Mächte gebe, die da hineinspielen, dass man vielmehr alle Dinge – im Prinzip – durch Berechnen beherrschen könne" (*Max Weber*, S. 594). Die Alternative zu diesem Verständnis wäre die Bestimmung der Person nicht durch ihren berechnenden

„Kopf", sondern durch jene „geheimnisvollen unberechenbaren Mächte", so dass auch ein dem „Kopf" unzugängliches Geschehen als Fehler gelten könnte: Ob ein Verhalten als dasjenige einer Person verstanden werden muss, entscheidet dann das Schicksal.

Grob gesprochen geht es um die Differenz von Erfolgs- und Schuldzurechnung, wobei freilich – darum „grob" – damit weder festliegt, welcher Erfolg bei der Erfolgszurechnung zugerechnet wird, noch was Schuld bei der Schuldzurechnung ist. Das Zurechnungsproblem der Erfolgszurechnung soll hier auch nicht gelöst, sondern nur benannt werden: Wenn es in *Hegels* Zurechnungslehre („Der Vorsatz und die Schuld", Rph, §§ 115 ff.) heißt, „das heroische Selbstbewusstsein (wie in den Tragödien der Alten, Ödip[u]s u. s. f.)" sei „aus seiner Gediegenheit noch nicht zur Reflexion des Unterschiedes von Tat und Handlung, der äußerlichen Begebenheit und dem Vorsatze und Wissen der Umstände, sowie zur Zersplitterung der Folgen fortgegangen" (Rph, § 118 Anmerkung), so verkürzt diese Gleichsetzung von „Tat" und „äußerlicher Begebenheit" die Voraussetzungen der Erfolgszurechnung (und wegen dieser Verkürzung fehlt *Hegels* Lehre vom Unrecht, Rph, §§ 84 ff., eine Erklärung, was eine „äußerliche Begebenheit" zur „Tat", also zur Emanation einer Person macht). Dass, beispielhaft gesprochen, Ödipus Laios erschlug, ist nur deshalb mehr als eine *nur*-äußerliche Begebenheit, nämlich Tat des Ödipus, weil diesem die Folge seiner Aktion zugerechnet wird und nicht etwa dem Laios sein eigener Tod mit der Begründung, sich dort aufgehalten zu haben, wo er erschlagen wurde. Die Zugehörigkeit eines Erfolges zu einer Person wird nicht durch Natur hergestellt, sondern einzig durch eine normative Ordnung.

Das oben skizzierte Grundmuster einer Schuldzurechnung (Fehler des „Kopfes") ist aber nicht nur gegen Erfolgszurechnung, sondern auch gegen die Zurechnung der Tat einer Gruppe, etwa gegen Sippenzurechnung, abzugrenzen. Dass überhaupt Einzelne agieren, seien sie Individuen, seien sie Personen, folgt nicht etwa aus irgendeiner Natur der Sache „Zurechnung", sondern aus bestimmten Annahmen zu den Bedingungen von Sozialität, die auch anders ausfallen könnten. Als Hinweis darauf, worum es bei solcher Gruppenzurechnung geht, mögen so unterschiedliche Beispiele genügen wie diejenigen, dass „im Lande Israel" das Sprichwort gebräuchlich war: „Die Väter haben Herlinge (saure Trauben) gegessen, und den Kindern sind die Zähne stumpf davon geworden" (*Ezechiel* 18, 2), oder dass bis in das Hochmittelalter (und vereinzelt wohl auch darüber hinaus) in den germanisch bestimmten Rechten eine Tötung durch Geldtransfer von der *Sippe* des Täters in diejenige des Opfers gesühnt werden konnte (*His*, S. 296 ff., 302 ff.). In abgeschwächter Form war Zurechnung aller Taten eines Kollektivs bei Bandendelikten gebräuchlich, auch für Mitglieder, die sich nicht an allen Taten beteiligt hatten; erst im Strafrecht der Aufklärung entfällt diese Haftung für Taten der Gruppe (wird aber sogleich durch die Pflicht zur Anzeige der Verbrechen substituiert).

Wenn es nachfolgend allein um Schuldzurechnung geht, so liegt darin also eine Beschränkung auf die Betrachtung einer einzelnen unter diversen möglichen Gesellschaftsformen, eben einer solchen, bei der die normative Verständigung nur motivierbares Verhalten zum Gegenstand hat, dies mit der Folge, dass auch nur solches Verhalten Sinn ausdrückt, während jedes andere in der gesellschaftlichen Umwelt verbleibt, mit anderen Worten, nur jenes ist Handlung, dieses hingegen Natur. Das die Personen einigende Band wie auch sein Bruch können demgemäß nicht im wörtlichen Sinn wahrgenommen, also nicht sinnlich erfasst werden; vielmehr richtet sich beides nach der Bedeutung, nach dem Gemeinten, eben dem Sinn eines Verhaltens (was nicht heißt, die Bestimmung eines Bruchs des Rechts dürfe nicht an eine äußere Störung anknüpfen – sie darf nur nicht dabei stehen bleiben).

Diese „Vergeistigung" des Bandes erzwingt eine relativ hohe Selbststeuerung der Personen: Ihnen wird von der Norm ein Ziel vorgegeben (etwa: nicht zu töten), aber wie sie das Ziel erreichen, bleibt ihnen überlassen. Soweit die Selbststeuerung funktioniert, also die Motivation diejenige einer Person ist, mag die äußere Gestalt des Verhaltens unglücklich konstelliert sein – Ödipus tötet Laios –, aber das Band wird dadurch nicht zerrissen, da die Motivation korrekt erfolgte (Ödipus war unzugänglich, dass es um die Tötung seines Vaters ging).

Die hochgradige Selbststeuerung bewirkt zweierlei: Erstens garantiert sie, dass die Handlungsgestalten den jeweiligen Situationen um so besser angepasst werden, je abstrakter die Norm ausfällt; denn die Konkretisierung der Norm durch die Person mit Blick auf eine schon bekannte Situation führt zu einer höheren Differenzierung, als sie bei einer Vorab-Festlegung erreicht werden könnte. Etwa „Verletzen" bedeutet ja nicht nur „Schlagen" oder „Stechen" oder „Gift-Eingeben", sondern auch eher Abgelegenes wie „Unter-einen-umstürzenden-Baum-Schieben" und vieles andere mehr, was sich *ex ante* nicht vollständig aufzählen ließe. Zweitens kann die Person ihre Handlungen aus einem möglichst großen Kontingent von Handlungsgestalten aussuchen, so sie nur sorgfältig darauf achtet, das einigende Band nicht zu verletzen. Wer nicht erkennen kann, dass es sich bei seinem Gegner um seinen Vater handelt, hat das von der Norm gegen Aszendententötung gebildete subjektiv-geistige Band eben auch dann nicht gebrochen, wenn er mit dem Gegner wirklich seinen Vater erschlug. Im Ergebnis bringt die Schuldzurechnung also der Gruppe den Vorteil, dass ihre Normen situationsadäquat konkretisiert werden, der Person denjenigen, über eine große Palette von Handlungsgestalten ohne die Gefahr verfügen zu können, später desavouiert zu werden.

c) Gesellschaftliche Verhaltensbedeutung

Die situationsadäquate Konkretisierung der Normen durch Selbststeuerung nimmt die rechtlich gesonnene Person vor, nicht ein Individuum mit seinen willkürlichen Präferenzen; das Ergebnis ist ein gesellschaftlich verständliches Verhalten, sei es als Normalverhalten oder als zu tadelnder Normbruch oder als zu lobende besondere Leistung. Es kommt also auf die allgemeine Bedeutung des Verhaltens an, nicht auf die individuell gemeinte. Ein krasses Beispiel: Wer dabei ist, seinen Nachbarn „totzubeten", vollzieht in einer modernen Gesellschaft kein Verhalten im Zusammenhang mit einer Tötung, auch wenn er individuell anderer Ansicht ist. Praktisch gewichtiger ist die Umkehrung, in der die allgemeine Bedeutung eines Verhaltens als Verletzungsverhalten auch dann bestehen bleibt, wenn der Täter meint, weniger ängstlich urteilen zu sollen. Auch dazu ein Beispiel: Wer einem Kind Schnaps in den Fruchtsaft schüttet, vollzieht nach heutigem Verständnis auch dann ein Verletzungsverhalten, wenn er selbst es als Beitrag zu einem angemessenen Initiationsritus verstehen sollte. Die Bedeutung eines Verhaltens lässt sich also nicht für alle Gesellschaften gleich bestimmen; eine Erinnerung an die tadelnde Zurechnung von Hexereien mag insoweit als Beleg genügen.

Nach dem gesellschaftlichen Verständnis richtet sich auch die Verbindung mehrerer Personen zu einem Kollektiv, also die Bestimmung der Beteiligung. Ein Verhalten ist Beteiligung, wenn es – nicht nach individueller Deutung, sondern – nach seiner allgemeinen Bedeutung Teil eines normverletzenden Unternehmens mehrerer ist. Liegt sein Sinn aber nicht darin, eine Fortsetzung zu einer Normverletzung zu ermöglichen, so ist es auch dann keine Beteiligung, wenn ein anderer doch normverletzend daran anschließt; denn eine Gesellschaft, die hochgradig anonyme Kontakte ermöglicht, muss eine die Verantwortungsbereiche trennende Arbeitsteilung anerkennen (Regressverbot). Beispielhaft, der Verkauf eines normalen Küchenmessers unter üblichen äußeren Umständen ist auch dann keine Beteiligung, wenn der Käufer das Objekt, wie der Verkäufer vorausgesehen hatte, für eine Körperverletzung benutzt, wohingegen die Übergabe einer Pistole an eine Person ohne Waffenschein *ceteris paribus* eine Beteiligung an der vom Empfänger mit der Waffe vollzogenen Normverletzung darstellt.

Was ein agierendes Kollektiv ist, entscheidet sich – entgegen ganz geläufigem Verständnis – nicht nach der Innensicht (der

Sicht der Mitglieder), etwa nach deren Bindung durch einen „gemeinsamen Tatentschluss", sondern nach der Außensicht, also nach dem gesellschaftlichen Verständnis von kollektivem Verhalten (wobei ein „gemeinsamer Tatentschluss" durchaus *ein* relevantes Kriterium sein mag); dabei kann insbesondere auch als *eine* zusammengehörende Bedrohung erscheinen, was mehrere unabhängig voneinander Agierende vollziehen. So könnte, wenn mehrere Personen im Wald zündeln und es zu einem Waldbrand kommt, ein Kollektiv der „Feuerteufel" gebildet und jedem Einzelnen der gesamte Erfolg ohne Blick auf das speziell von ihm (nicht) Bewirkte zugerechnet werden. In der Moderne ist eine so weitgehende Loslösung von naturalistischen Elementen zugunsten einer nach gesellschaftlichen Bedürfnissen bestimmten Verhaltensbedeutung einigermaßen fremd, dies wohl nicht zuletzt wegen der potentiellen Uferlosigkeit dieser Zurechnungsfigur: Krass, *alle* Normbrecher machen sich mit *allen anderen* gemein, von deren Untaten sie wissen können.

Die Bestimmung der gesellschaftlichen Verhaltensbedeutung kann bei hochgradig anonymen Kontakten nur standardisiert erfolgen: Bei einer solchen Lage ist es ausgeschlossen, sich auf das individuelle Vermögen der anderen einzustellen, und deshalb müssen für stereotype Situationen Standards gebildet werden (und für das Nicht-Stereotype bleibt nur, ein Durchschnittsvermögen zu erwarten, wobei hier dahinstehen soll, ob nicht wiederum andere Situationen gerade durch einen Verzicht auf Standards und Hinwendung zum Individuellen gekennzeichnet sind, so etwa bereichsweise das Verhältnis der Eltern zu ihren Kindern). Die Standardisierung erfolgt hauptsächlich durch die Bildung von Rollen – Arzt, Handwerker, Kraftfahrer, Hausfrau etc., was heißt, dass von einer Person, die als Rolleninhaber beansprucht werden darf oder die ihrerseits beansprucht, in der Rolle auftreten zu dürfen, das Standardgemäße zu leisten ist. Wird weniger geleistet, so ist dies der Person als Fehler zuzurechnen, falls das Defizit auf nicht hinreichend normgemäßer Motivation beruht (auch ein Standard!), was in der Regel der Fall sein wird, sei es, dass in der

Situation selbst hinreichend normgemäße Motivation fehlt, sei es, dass zu dieser Zeit alles Motivationsvermögen ausgeschöpft wird (also Rechtstreue aktuell besteht), aber der Weg in die Situation abzusehen war und bei normgemäßer Motivation seinerseits nicht erst eingeschlagen worden wäre (Übernahmeverschulden).

Wie aber verhält es sich, wenn mehr als Standardgemäßes geleistet werden könnte, aber nicht geleistet wird – ist das ein Motivationsfehler? Ein Beispiel: Ein Biologiestudent, der als Aushilfskellner arbeitet, entdeckt auf Grund seiner im Studium erworbenen Kenntnisse in einem exotischen Salat, den er serviert, eine Giftpflanze. Wenn anonyme Kontakte das Maß für zu erwartende Leistungen abgeben, ist die Entscheidung eindeutig: Eine besondere Fähigkeit, etwa – wie im Beispiel – ein Sonderwissen, gehört nicht zur Rolle und damit nicht zu dem Material, aus dem die Person eines Kellners konstruiert wird; also muss diese Fähigkeit auch nicht zur Vermeidung von Schädigungen aktiviert werden. Das klingt anstößig, aber eine Person wird nun einmal nicht durch Können konstituiert, sondern durch Sollen, anders formuliert, ein *besonderes* Können gehört nicht in jedem Fall zur Person, sondern mag ein rein individuelles Merkmal bleiben. Das dürfte im Grundsatz auch geläufiger Vorstellung entsprechen: Wer erwartet schon, jede Person werde ihm alle Wohltaten erweisen, zu denen sie ohne Verzicht auf eigene nennenswerte Interessen in der Lage wäre? Erwartet wird vielmehr allein das einer Rolle Gemäße. Zur Verdeutlichung sei angemerkt, dass die Entscheidung wohl anders ausfiele, wenn der Kontakt nur äußerlich anonym, sachlich aber als Kontakt verbundener Wesen zu denken wäre: Begegnen sich, beispielhaft gesprochen, zwei Personen, die sich zwar nicht kennen, aber wissen, dass sie beide Geschöpfe eines Gottes und von diesem zur Caritas verpflichtet sind, mag nicht nur ein Standardvermögen, sondern jedes von Gott verliehene Vermögen zu aktualisieren sein.

B. Zurechnung

2. Schuld und Zumutbarkeit

a) Individuelles Auskommen

Einzelheiten der Schuldbestimmung sollen hier dahinstehen, da sie von Einzelheiten der normativen Verständigung abhängen; es gibt keine ewigen, sondern nur auf einen bestimmten Gesellschaftsstand bezogene Lösungen. Insoweit ein Beispiel: Je mehr Selbstevidenz dem Gegenstand der Verständigung zugesprochen wird, um so weniger kann das Vorbringen entlasten, die Norm sei unbekannt gewesen; war sie es, zeugt das von einem Mangel an Zuwendung zur Norm (auch der Vorwurf der Unkenntnis einer nicht evidenten Norm mag erhoben werden, etwa wenn ein Gott seine Normen nur den Auserwählten offenbart, aber das gehört in das Gebiet der Erfolgshaftung). Gilt der Gegenstand der Norm hingegen als wandelbar und in dem Sinn als positiviert, so wird derjenige entlastet, der den aktuellen Stand der Positivierung verfehlt, dabei aber bereit ist, sich durch jede positive Norm als Person definieren zu lassen, mit anderen Worten, im Positivismus konstituiert die Erwartung, jede einzelne Norm werde gekannt, die Person nur nachrangig, vorrangig hingegen die Erwartung, das Prinzip der Positivität werde anerkannt.

Nicht dahinstehen soll freilich die Frage, inwieweit in der modernen strafrechtlichen Zurechnung Schuld mit Individualisierung verbunden ist. Wer als Person definiert wird, von dem wird Normbefolgung erwartet; Person und Erwartung sind definitionsgemäß verbunden. Bleiben vereinzelte, private, esoterische, verlogene und ähnliche Definitionen außen vor, so äußert sich diese Erwartung als allgemeine Ansicht und in dem Sinn als objektive Größe, die von der Zustimmung dessen, der als Person definiert wird, unabhängig ist, also auch besteht, wenn er sich nicht als Subjekt begreift. Beispielhaft gesprochen wird hier und heute erwartet, niemand werde einen anderen ohne objektiv guten Grund (etwa: Notwehr) umbringen, und zwar auch dann nicht, wenn er für sich der ernsthaften Ansicht sein sollte, der andere habe den Tod verdient. Ein Protest gegen eine wirkliche Norm, dem – gegen die Norm – allgemein gefolgt würde, ist ausgeschlossen; die Norm ist ja gerade deshalb wirklich, weil an sie selbst angeschlossen wird und nicht an den Protest gegen sie.

Gegen die etablierte Norm kann das Individuum nichts vorbringen, nicht, ihm fehle die Lust zur Normbefolgung, nicht, es habe *seines* Erachtens wichtigere Aufgaben zu erledigen, nicht, Normbefolgung bringe ihm Schaden (und ob es Unkenntnis der Norm vorbringen kann, hängt vom Verständnis der Gesellschaft ab). Das Schuldurteil fällt also nach einem gesellschaftlich bestimmten Maßstab: Die geforderte Normtreue wurde nicht erreicht. Das heißt freilich nicht, es könne sich eine Norm etablieren, die bei der Konstruktion von Personen die Individuen mehr oder weniger beliebig vergewaltige; eine normative Ordnung kann nur dann wirklich werden, wenn die Individuen in ihr ein Auskommen finden können. Fehlt es daran, so wird die Norm offen oder hinter vorgehaltener Hand desavouiert werden, was heißt, zu bloßem Zwang verkommen. Deshalb kann sich eine Norm allein unter der Voraussetzung als Norm (und nicht als Zwang) etablieren, dass sie das Interesse der Individuen inkorporiert, dies freilich nur – und darauf kommt es an –, soweit sich dieses Interesse nicht schon im Grundsatz gegen die Möglichkeit einer Gesellschaft richtet.

Was die Inkorporation der Interessen des Individuums angeht, so handelt es sich um das überhaupt die Neuzeit leitende Thema. Einen Extrempunkt bildet *Locke* mit seinem Versuch, die Bedingungen bürgerlicher Gesellschaft als den Rahmen verfasster Gesellschaft zu begreifen (2. Abhandlung), den Gegenpol *Rousseau*, der diesen Triumph des Individuums als camouflierte Gewalt denunziert hat, als Opferung der Freiheit zur Befestigung von Ungleichheit (Ungleichheit, S. 223, 229). Bei *Hegel* findet sich die Vermittlung beider Positionen: Durch Arbeitsteilung schlage „die subjektive Selbstsucht in den Beitrag zur Befriedigung der Bedürfnisse aller um" (Rph, § 199), und deshalb lasse sich die bürgerliche Gesellschaft in einer sittlichen Verfassung unterbringen.

B. Zurechnung

Hier soll freilich nicht dieser große Gang der Geschichte abgehandelt werden, sondern ein bescheidener Gegenstand, nämlich die Begrenzung der Personalität auf den Bereich des Zumutbaren. Der bekannteste Beispielsfall dazu wurde von *Karneades* ersonnen und – neben anderen – über *Cicero* (III. 89 f.), *Kant* (MdS, S. 343) und *Fichte* (Naturrecht, S. 252 f.) bis in die Gegenwart tradiert: Eine – niemandem zustehende – Planke vermag von zwei Schiffbrüchigen nur einen zu tragen; der glückliche erste Besitzer wird von dem anderen gewaltsam verdrängt und ertrinkt – schuldhafte Tötung? Dieser Fall einer Schadensumschichtung (bei einer Schadensverkleinerung gelten andere Regeln, die hier außer Betracht bleiben) zeugt noch heute von der skeptischen Haltung seines Urhebers, denn es gibt nur zwei schwache Argumente zu seiner Lösung (abgesehen von solchen, mit deren Behandlung ein Skeptiker nicht erst beginnt, etwa es solle der Würdigste oder Vornehmste oder sonstwie Ausgezeichnete den Vorrang erhalten): Entweder soll die Kraft entscheiden (die Lösung der starken Habenichtse) oder die Zeit (wer zuerst besitzt, soll behalten dürfen; die Lösung der schwachen Besitzer). Eine Rechtsordnung neigt dazu, für die letztgenannte Lösung zu optieren: Sie bringt Rechtsfrieden, was heißt, dass nicht erst das Ergebnis eines Kampfes über die rechtliche Lage entscheidet. Eine liberale Rechtsordnung kennt noch einen weiteren Grund. Sie setzt primär auf das Verbot, in den bestehenden Organisationskreis eines anderen einzudringen, und behandelt Gebote, einem anderen zu weichen, als einer besonderen Begründung bedürftig (*Feuerbach* Lehrbuch, § 23 f.; *Hegel*, Rph, §§ 38, 113 Anmerkung), und eine solche ist in den über zweitausend Jahren des Nachsinnens über „das Wunderbrett der Schule" (*Fichte* a. a. O.) nicht gefunden worden.

Trotzdem verzichtet das moderne Recht darauf, demjenigen, der den *beatus possessor* depossediert, einen Motivationsfehler vorzuwerfen; es *erlaubt* zwar nicht den Zugriff, aber folgt doch dem entschuldigenden Vorbringen, eine personales Verhalten hätte zum Untergang des Individuums geführt. Der Täter „kann den Namen eines unbarmherzigen Mannes …

nicht verdienen" (*Richardson* Äsopische Fabeln, übersetzt von *Lessing*, 59. Fabel), was wiederum heißt: Die Tat wird zwar nicht erlaubt, aber eine andere Motivation gilt als unzumutbar. So behandelt *Kant* die skizzierte Tat als „inpunibile" (es gehe um „subjektive Straflosigkeit", MdS, S. 343); für *Fichte* besteht ein „Notrecht ... als das Recht, sich als gänzlich exemt von aller Rechtsgesetzgebung zu betrachten" (Naturrecht, S. 253), wohingegen – bei *Fichte* – nach dem *Sitten*gesetz beide zugrunde gehen sollen – „unsere Erhaltung ist ja gar nicht Endzweck, sondern die Erfüllung des Sittengesetzes ist Endzweck: gehen wir aber zu Grunde, so ist das der Wille des Sittengesetzes gewesen; er ist erfüllt, und unser Endzweck ist erreicht" (System, S. 303) –, eine Lösung der Art, der *Hegels* Diktum gelten dürfte: „*Fiat justitia, pereat mundus* – leeres Wort" (Rph, § 127, hZ, S. 240), auch wenn es *Fichte* um das Sitten- und nicht um das Rechtsgesetz geht.

Das Fehlen einer Erlaubnis bei gleichzeitiger Unzumutbarkeit klingt widersprüchlich: Wie kann etwas als unerlaubt gelten, was nicht auf einem Motivationsfehler beruht? Geht es doch, wo Personalität nicht erwartet wird, nicht um Gesellschaft, sondern um Umwelt. Anders formuliert: Was hat ein Verbot für einen Sinn, an dessen Übertretung keine Konsequenzen geknüpft werden? Die Antwort lautet, es gebe innerhalb *einer* Gesellschaft verschiedene normative Systeme, denen unterschiedliche Ordnungsvorstellungen zugrunde liegen, und dass *eine* der Ordnungen als nicht gestört gilt (kein Motivationsfehler), heiße nicht, eine *andere* Ordnung könne nicht trotzdem darauf beharren, es liege ein Fehler vor. Dass keine andere Motivation zugemutet wird, bedeutet also nicht, alles stehe in rechter Balance, vielmehr stört der Gewalttätige den Besitzer sehr wohl in der Erwartung, nicht depossediert zu werden, und diese Störung darf letzterer durch Abwehr verhindern und sich dabei der Hilfe anderer bedienen. Der Ordnung des äußeren Verhaltens durch Ordnung der Motivationen ist also eine Ordnung des Bestands der Organisationskreise vorgelagert. Weitere Ordnungen lassen sich denken (und werden in einer komplexen Gesellschaft auch benötigt);

von einer solchen nach Rollen wird noch zu reden sein. Jedoch geht es bei allen diesen Ordnungen unterhalb der personalen Ordnung allein um die Garantie, ein faktischer Status quo werde nicht unterschritten werden; ein anderer muss sich zurückziehen, Schadensersatz leisten, darf abgewehrt werden und ähnliches mehr. Mit anderen Worten, irgendetwas entspricht nicht einem Maßsystem und muss deshalb angepasst werden.

Beim einem geäußerten *Motivations*fehler (Schuld) geht es um mehr; gewiss entspricht auch – etwa – eine schuldhafte Tötung nicht einem Maßsystem, darf abgewehrt werden und verpflichtet zu Schadensersatz, aber sie ist zugleich ein Ausbruch aus der normativen Verständigung, Entwurf einer anderen Gesellschaft, also ein formell personales (wenn auch materiell nur-individuelles) Verhalten. Wer sich nicht als Person begreift, wo es auch nicht erwartet wird, mag unglücklich konstelliert sein – das ist ein Problem des Umgangs mit der Umwelt. Wer sich jedoch nicht als Person motiviert, wo es der Fall sein sollte, erklärt die Norm für unmaßgeblich – das ist ein gesellschaftliches Problem, und nur dieses wird hier behandelt.

b) Bestand der Ordnung

Das oben skizzierte Ergebnis zum Karneades-Fall, Unzumutbarkeit anderen Verhaltens, darf nicht dahingehend verallgemeinert werden, die Gruppe werde bei einer Gefahr für existentiell wichtige Güter stets die Erwartung personaler Motivation zurücknehmen; vielmehr setzt eine solche Nachsicht voraus, dass sie nicht die Möglichkeit einer personalen Ordnung aufhebt, und zwar in zweifacher Hinsicht nicht.

Erstens wird personales Verhalten zugemutet, wenn der Eingreifende sich den Konflikt selbst zuschreiben muss, weil er ihn durch ein seinerseits fehlerhaftes Verhalten verursacht hat. Beispielhaft gesprochen, wer mordet, dem wird zugemutet, nicht auch noch, um von der Strafvollstreckung freizukommen, den Henker zu erschlagen. Wer also, wo er Person sein soll, als Individuum agiert, entgeht dadurch nicht der Erwartung, er werde die Konsequenzen mangelnder Personalität seinerseits als Person tragen. Ansonsten würde die personale Ordnung durch jeden Fehler insoweit ausgehebelt, als die Konsequenzen sich nicht mehr in einer personalen Ordnung ereignen würden, vielmehr im Naturzustand der Individuen.

Zweitens wird die Erwartung von Personalität dann nicht wegen Unzumutbarkeit zurückgenommen, wenn sich die für die Gruppe konstitutiven Institutionen ansonsten nicht verwalten ließen. Wiederum beispielhaft: Dem prozessordnungsgemäß Inhaftierten gilt, auch wenn er unschuldig (!) sein sollte, die Duldung des Freiheitsverlustes als zumutbar, ebenso dem Soldaten die Lebensgefahr im Krieg, dem Krankenkassenmitglied die Beschränkung der Heilleistungen auf das Tarifgemäße, dem Nierenkranken das Warten auf eine Transplantation bis zur Zuteilung einer Spenderniere etc. Ansonsten ließen sich Strafjustiz, Militär und Verteilungsverfahren nicht organisieren.

Ins Positive gewendet heißt das, die Erwartung personalen Verhaltens werde nur dann mit der Begründung zurückgenommen, das Individuum finde in krasser Weise sein Auskommen nicht, wenn dadurch die Verarbeitung des Konflikts nicht gehindert wird, wenn sich also der Konflikt als Folge ungünstiger Umwelt (Unglück) oder eines Fehlers eines anderen (dann ist diesem anderen zuzurechnen) darstellen lässt und das Individuum als bloßes Durchgangsstadium verstanden werden kann. Ist letzteres ausgeschlossen, sei es, weil sich die Person den Konflikt selbst „eingebrockt" hat, sei es wegen ihres Status, wird keine Nachsicht geübt, obgleich sich, wie auf der Hand liegt, an der Unmöglichkeit, bei personalem Verhalten individuell auszukommen, kein Jota geändert hat. Wenn *Hobbes* in solchen Fällen die Erwartung personalen Verhaltens preisgibt (VII A), bleibt dies für die Ordnung nur deshalb schadlos, weil er das Geforderte durch schieren Zwang substituiert. Der Hinzurichtende wird dann eben hingerichtet, ohne dass erwartet würde, er begreife die Duldung des Vorgangs als seine Pflicht. Damit gibt freilich die Ordnung ihren Anspruch auf, eine Ordnung für Personen zu sein.

Der Lage bei der Bedrohung der physischen Existenz entspricht diejenige bei einer Bedrohung der psychischen: So wie dem Individuum zugemutet wird, sein Leben oder seine Gesundheit zu opfern, wenn sich die Ordnung der Gruppe nicht anders halten lässt, so ist auch eine Berücksichtigung der *Gewissenhaftigkeit* eines Verhaltens ausgeschlossen, wenn dadurch die Ordnung zerstört würde. Wohl für wenig anderes ist *Hegel* mehr gescholten worden als für den Ausspruch: „Der Staat kann ... das Gewissen in seiner eigentümlichen Form, d. i. als subjektives Wissen nicht anerkennen" (Rph, § 137 Anmerkung), und doch ist dieses Diktum evident richtig; denn das objektive, in der Kommunikation gültige Wissen lässt sich nun einmal nicht als Summe allen subjektiven Wissens darstellen. Die Empörung wäre für Konstellationen durchaus angebracht, in denen sich ein Gewissen gegen eine pervertierte Ordnung stemmt; aber solche Fälle, in denen die Subjektivität der äußeren Ordnung überlegen ist (wenn überhaupt einer sozialen Ordnung; es mag sich auch um schieren Zwang handeln), sind bei *Hegels* Satz so wenig gemeint wie die keiner Behandlung bedürftigen gegenteiligen, in denen der objektive Geist von Querulanten gestört wird. Die Probleme von „Schuld und Gewissen" liegen im Mittelfeld – gute Gründe können sowohl der einzelne als auch die Gesellschaft vorbringen, aber von Erdenresten frei sind beide Seiten nicht. In diesem Bereich, in dem man eine Sache „so oder anders" sehen mag – wie etwa den Inhalt der Religion zur Zeit des *Hobbes* –, weiß jeder Verständige um die Kontingenz des Gewissens und macht deshalb nicht *eine* der Seiten zu seiner Sache, während derjenige, der darauf beharrt, doch so zu verfahren, durch seinen Mangel an Geduld, die anderen anzuhören, seine fehlende Bildung in öffentlichen Angelegenheiten verrät. Keine Einzelheit verbindet.

Eine Gesellschaft geht mit einem abweichenden Gewissen geschickt um, wenn es ihr gelingt, den Gegenstand des Gewissens aus dem Bereich des Allgemeinen auszuklammern. Beispielhaft: Der Bischof will den Eid auf die weltliche Verfassung nicht leisten? Soll er es lassen und als Religionsfreiheit verbuchen, was ihn aus gesellschaftlicher Sicht zur Nebensache abwertet. – Aber ausklammern lässt sich nur, was innen abgelöst werden kann. Wer eine Assoziation verweigert, mag draußen bleiben, aber wer die Pflichten aus einer gegebenen Verbindung nicht erfüllt, stört drinnen. Deshalb kommt die Spannung zwischen dem Recht des Einzelnen und dem Recht der Gruppe bei der Schädigung eines anderen aus Gewissensgründen zum Spruch. Ein Beispiel: Eine Mutter weigert sich, ihr vom Blitz getroffenes Kind in ein Krankenhaus zu bringen, da sie glaubt, dem vermeintlichen Machtwort Gottes gehorsam sein zu müssen.

Wie bei der oben behandelten Lage des so genannten entschuldigenden Notstands (IX B 2 a, zu *Karneades*) so muss die Gesellschaft, soll die Erwartung personaler Motivation zurückgenommen werden, den Konflikt in anderer Weise als durch Zurechnung zum Täter verarbeiten, und wiederum kommen zwei Wege in Betracht: Der Konflikt wird anderen Personen zugerechnet oder als ein Ausnahmefall definiert, der für den Alltag nichts hergibt. Der erste Weg kann etwa dann eingeschlagen werden, wenn die gewissenhafte Überzeugung einer jungen oder sonst unterlegenen Person von anderen aufgebaut wurde; so ließe sich die soeben genannte Tat wohl weitgehend oder völlig entschuldigen, wenn es sich um eine minderjährige Frau handelte, die bislang nur unter dem Einfluss ihrer sektiererischen Eltern stand. Die Frau gälte dann nur als Durchgangsstadium der fehlerhaften Ideen ihrer Erzieher. – Der zweite Weg beginnt mit der Erkenntnis, ein Gewissen sei als stabile „Infrastruktur" einer Person notwendig, und führt zu der Einsicht, dass auch Personen, denen an einer sozial verträglichen Haltung gelegen ist, in praktisch am Rand liegenden Bereichen als Irrläufer einzelne Überzeugungen bilden mögen, die sich mit der normativen Gruppenstruktur nicht vertragen. Solange es sich bei der oben genannten Überzeugung der Frau um das einzige Hindernis einer standardgemäßen Versorgung ihres Kindes handelt, füllt sie insgesamt ihre Rolle als Mutter brauchbar aus, und deshalb mag die Fehlentscheidung in *einem*, zudem kaum je praktisch werdenden Fall nachsichtig behandelt werden.

Sind beide Wege verschlossen, so ändert das an der individuell empfundenen Nötigung zu einem bestimmten Verhalten nichts, schließt aber trotzdem Nachsicht aus; wiederum zeigt sich, dass beim Schuldurteil nur dann individualisiert wird (also ex- oder doch dekulpiert), wenn es der Ordnungsaufgabe der Norm nicht schadet. Das skizzierte Bild ließe sich erweitern und detaillieren, aber nicht in den Grundzügen ändern: *Die soziale Ordnung lässt sich auf Bedürfnisse des Individuums nur insoweit ein, als die Möglichkeit der Sozialität dadurch nicht aufgehoben wird.*

Diese Erkenntnis kann, ohne dass dies belegt werden müsste, umgekehrt werden: *Die Akzeptation der Definition als Person, also das Selbstverständnis als Subjekt, gelingt nur, solange das Individuum in der Gesellschaft sein Auskommen findet.* Den unverzichtbaren Bestandsbedürfnissen der Gesellschaft stehen ebenso unverzichtbare des Individuums gegenüber. Die Güte einer Ordnung zeigt sich bei dieser Lage nicht in der Bevorzugung der einen oder anderen Seite, sondern in ihrer Fähigkeit, zwischen Personen und Individuen im Großen und Ganzen in einer für beide Seiten auskömmlicher Weise zu vermitteln. Die Forderung freilich, dies müsse in jedem Einzelfall gelingen, gehört zum Bereich der Schwärmerei, da sich zwei unterschiedliche Schemata, nämlich Sollen-Freiraum und Lust-Unlust, nicht restlos auf einen Nenner bringen lassen können.

Im Ergebnis erschöpft sich die Beziehung von Individuum und Person nicht in einem *Neben*einander; die Individuen müssen schon im Großen und Ganzen ihr Auskommen finden können, sonst wird keine stabile Sozialität gelingen, und in einer Gesellschaft, die, auf das Machbare setzend, zwischen Schuld und Schicksal trennt, wird von keinem Einzelnen mehr erwartet, als er bei unterstellter Normbefolgungsbereitschaft leisten kann. Aber *diese Normbefolgungsbereitschaft wird verordnet,* und das wird selbst bei krassen Konflikten mit den Bedürfnissen des Individuums dann durchgehalten, wenn es zur Organisation der Gesellschaft erforderlich ist (so wird Unzumutbarkeit begrenzt). Auf Normbefolgungsbereitschaft wird nur verzichtet, wenn sich der Konflikt auf eine Sondersituation zurückführen lässt, die das Individuum nur zufällig trifft. Deshalb gibt es auch keine Entschuldigung bei einer *alle* treffenden existentiellen Not, etwa bei einer allgemeinen Hungersnot.

C. Sanktion: Erhaltung normativer Wirklichkeit

1. Verlust der Personalität?

Gesellschaft wird hier als Wirklichkeit von Normen begriffen. Was wirklich ist, ohne Gesellschaft zu sein, bildet die Umwelt der Gesellschaft; dazu gehört der gesamte Bereich instrumentaler Kommunikation. Nennt man den Inhalt der normativen Verständigung den Sinn der Gesellschaft, so lässt sich die Umwelt als das nicht Sinnhafte, als Natur, dagegensetzen. Gewiss mag es in der so verstandenen Natur wiederum Systeme geben, die sich ihrerseits als Sinnsysteme verstehen; dieser „Sinn" erscheint jedoch von einer zu behandelnden anderen Gesellschaft aus gesehen als ein kognitiv zu erledigender Vorgang. Beispielhaft: Das für einen Zirkel strenger Vegetarier konstitutive Verbot, Fleisch zu essen, hat außerhalb dieses Zirkels keinen Sinn (es ist außerhalb kein Inhalt normativer Verständigung), sondern erscheint dort als psychischer Grund für das Verhalten der Vegetarier, worauf man sich kognitiv einzustellen hat, was heißt, dass man – nicht mit der Geltung des Verbots, sondern – mit dem „Glauben" der Mitglieder an die Geltung rechnen muss.

Wirkliche Person ist, wessen Verhalten normgemäß ausfällt; zwei Bedingungen sind zu erfüllen: Das Verhalten muss durch Normen geregelt werden – kein Tier (verstanden als Teil der Umwelt) kann eine Person sein –, und es muss normgemäß ausfallen – keine Person mordet. Eine Normwidrigkeit ist bei dieser Lage schwierig zu beschreiben. Sie ist nicht schlicht ein Fehler einer Person; denn eine Person wird durch ihre Motivation zu richtigem Verhalten definiert. Sie kann aber auch nicht als gesellschaftliche Umwelt, als Natur behandelt werden – Natur delinquiert nicht. Es handelt sich vielmehr um ein der Bestimmung nach – und in diesem Sinn: – formell personales Verhalten (IX B 1 a), inhaltlich jedoch um Verhalten in der Umwelt der wirklichen Gesellschaft. Beispielhaft zur formellen Personalität, aber materiellen Natürlichkeit: Ein Parlamentarier tritt zum Rednerpult und singt ein obszönes Lied. Das ist formell parlamentarisch (eine unter solchen Bedingungen stattfindende Äußerung ist als Parlamentsbeitrag bestimmt), aber materiell parlamentarische Umwelt (störendes Geräusch ohne parlamentarischen Sinn). Anders als etwa beim Trällern eines selbstvergessenen Saaldieners ist es nicht damit getan, die Quelle zu orten und zu verstopfen (bezogen auf das Regelwerk der Parlamentarier; in demjenigen der Saaldiener ist Singen während des Saaldienstes ein Fehler einer Person, kein bloßes Umweltgeschehen), da das bei solchem Vorgehen anzuwendende Mittel (irgendetwas Instrumentales) auf einen Umgang mit der Umwelt hinweist, während sich der Konflikt (die normative Verständigung steht in Gefahr) überhaupt nur im personalen, also innergesellschaftlichen Bereich beschreiben lässt.

Eine Normwidrigkeit schafft eine im wörtlichen Sinn zweideutige Situation: Formell geht es um Gesellschaft, aber deren Grenzen werden neu gezogen; wo es nach dem gesellschaftlichen Schema um Sollen geht, beansprucht der Handelnde Freiraum, mit anderen Worten, das Verhalten wird als sinnhaft gedeutet, aber der Inhalt von Sinn steht im Streit – formeller Sinn. Das normwidrige Verhalten stört also die Orientierung, da es die Wirklichkeit von Gesellschaft ins Zwielicht rückt: Geht es um Sollen oder um Freiraum? Die Unklarheit wäre ausgeräumt, wenn der Anspruch der Norm unberücksichtigt bliebe; denn dann ginge es um ein mehr oder weniger gut nach dem Lust-Unlust-Schema kalkuliertes Verhalten eines Individuums. Man könnte es sich auch noch einfacher machen und nur noch von physiologischen Prozessen oder chemischen Reaktionen handeln, aber durch solche Reduktionen würde der Konflikt nicht gelöst, sondern nur übergangen; er findet sich einzig in der Gesellschaft, nicht in den anderen Welten, und muss deshalb auch durch einen gesellschaftlichen Vorgang aufgelöst werden.

Da der Normbrecher die Gesellschaft materiell nun einmal verfehlt, scheint es nahe zu liegen, ihm als Reaktion auf seine Tat seine Personalität abzuerkennen. Er hat die Erwartungen nicht erfüllt, die sich an seine Person richten, also wird er als etwas definiert, dem diese Erwartungen nicht mehr gelten, als Individuum, härter, „eine Sache ... ein Stück Vieh" (*Fichte,* Naturrecht, S. 278 f.), kurz, als Natur. Bekannt ist die Rechtsfolge der Friedlosigkeit in mittelalterlichen Rechten („Acht"; *His,* S. 410 ff.), aber auch für Konzepte der Neuzeit, bei denen die – Personalität konstituierende – Gruppenverfassung als Vertrag der Mitglieder gedeutet wird, liegt die Annahme nahe, die Personalität des Normbrechers gehe verloren. *Fichte* argumentiert solcherart: Im Moment der Tat „ist der Vertrag vernichtet" (Naturrecht, S. 260); da jedermann nur unter der Bedingung Rechte hat, „dass er in eine Gemeinschaft vernünftiger Wesen passe", fällt bei Normbrechern „die Bedingung der Rechtsfähigkeit weg, das Passen in eine Gesellschaft vernünftiger Wesen, sonach mit derselben das Bedingte; die Rechtsfähigkeit. Sie hören auf, Rechte zu haben."

Wenn sich aber der Delinquent durch seinen Normbruch selbst aus der Gesellschaft expediert, werden die Grenzen der Gesellschaft vom Verhalten des Normbrechers abhängig, und ein spezieller gesellschaftlicher Konflikt lässt sich nicht einmal beschreiben, womit auch die Möglichkeit einer Reaktion auf der Ebene normativer Verständigung verschüttet wird. Mit anderen Worten, *Fichte* beseitigt die Zweideutigkeit eines Normbruchs nicht durch eine Stabilisierung der vorhandenen Gesellschaft, sondern durch ihre Verkleinerung. Wenn hingegen die Wirklichkeit der Normen und damit der Gesellschaft nicht als Summe der individuellen Zustimmungen, sondern als eine Größe verstanden wird, die eigener Dynamik folgt, lässt sich die Gesellschaft ihre Grenze nicht durch individuelles Verhalten vorschreiben.

Der Normbrecher muss also weiterhin Person bleiben. Dann aber kann, anders als beim zuvor behandelten Ansatz, sein materiell natürliches Verhalten in dieser Eigenschaft überhaupt nicht thematisiert werden; denn eine Person verhält sich nun einmal nicht natürlich, sondern – jedenfalls soweit Natur und Norm in Widerstreit stehen – normbestimmt. Geht es aber bei dem Normbruch um personales Verhalten, so liegt dieses nicht in der Welt der wirklichen Gesellschaft, sondern in einer verkehrten Welt: Die Tat des Normbrechers zeigt das Gegenteil der wirklichen Gesellschaft und ist mit ihr nur dadurch verbunden, dass sie den Akteur als Person für sich reklamiert – seine Handlung zeigt Sinn, freilich nur formell. – Beiläufig: Dass dem Normbrecher materielle Personalität fehlt, begründet die Möglichkeit der Notwehr gegen ihn, wie ihre Begrenzung auf das Erforderliche seine fortdauernde formelle Personalität zeigt. Krass wurde das nur formell Personale eines Normbrechers von *Kant* mit seiner These verfehlt, das Lügenverbot gelte selbst bei der Frage eines Mörders nach seinem Opfer (Recht, S. 639): Die nur formelle Person erhält dadurch den Status einer materiellen, etwa eines Beichtvaters.

2. Marginalisierung der Tat

a) Strafe als Widerspruch

Ein Normbruch liegt in einer verkehrten Welt, weil er die Bedingungen der Gemeinsamkeit leugnet: Nicht diese Gesellschaft! Dies darf wiederum nicht psychologisierend verstanden werden; in einem solchem Verständnis will der Normbrecher – es sei denn, er wolle eine Gegengesellschaft gründen oder als Herostrat wirken – in aller Regel überhaupt nichts kundtun, vielmehr seine Tat möglichst *privatissime* halten. Aber die Gesellschaft, die auf der Definition seiner als – und sei es einer formellen – Person beharrt, interpretiert das Verhalten dergestalt, solange sie überhaupt wirklich ist; sie versteht es nicht als Natur, sondern als Widerspruch gegen ihre Gestalt. Anders als *Fichtes* Gesellschaft, die den Normbrecher nicht als Person behält, wird die hier beschriebene durch ihr Beharren auf dessen Personalität inhomogen, eben durch die Interpretation des Normbruchs als ernst zu nehmende Aussage.

Ob die Gesellschaft inhomogen bleibt, hängt davon ab, ob und wie angeschlossen wird. Personales Verhalten ist zwar leibliches Verhalten, aber ein solches mit der Bedeutung einer Verständigung über Normen. Speziell darauf kann nicht nur-äußerlich, nur-leiblich, reagiert werden, sondern wiederum allein sinnhaft. Nach einem Normbruch muss der Anschluss als Widerspruch erfolgen, wenn die Norm nicht erodieren soll; mit anderen Worten, es muss deutlich werden, dass es unmöglich ist, durch den Normbruch zur Gemeinsamkeit zu gelangen: Dem Normbrecher werden wegen seiner Tat mehr oder weniger radikal seine Interaktionsmittel genommen – Strafe, von der in jedem Schuldspruch enthaltenen Feststellung, ein bestätigender Anschluss an sein Verhalten sei fehlerhaft, über Geldstrafe und Freiheitsstrafe bis hin zur Todesstrafe.

Der Normbrecher vollzieht die Tat nicht, weil er Person, sondern weil er als Person unentwickelt geblieben ist, eben nur-formell. Bliebe es bei der durch seine Tat bedingten Inhomogenität, wäre auch diese nur-formelle Person erledigt; denn sie besteht ja nicht aus eigener Kraft, besteht meist sogar gegen den Willen des betroffenen Individuums, vielmehr einzig kraft der Definition der Gesellschaft, solange diese wirklich ist. Insoweit lässt sich formulieren, dass der Normbrecher die anderen Personen und sich als Person (!) gleichermaßen verletzt (wobei auf einem anderen Blatt steht, dass er, sofern er in der Ordnung sein Auskommen nicht findet, die Selbstverletzung nicht bemerken kann); in *Hegels* Terminologie heißt das, „die Verletzung" sei „dem an sich seienden Willen … widerfahren", und zwar „ebenso diesem Willen des Verletzers (!), als des Verletzten und aller" (Rph, § 99; freilich ist der personale Wille des Delinquenten ein abstrakter, nicht entwickelter Wille; VIII A). Dementsprechend – es geht um die Ebene der Person – wird auch die Strafe (wie schon die Zurechnung) an ihn nicht mehr und nicht weniger adressiert als an alle anderen. Er mag seine Personalität jetzt begreifen, sich also als Subjekt verstehen, dann begreift er auch die Notwendigkeit und Bedeutung der Sanktion; er mag aber auch in seiner reinen Individualität beharren, dann kann ihm die Sanktion nur als Gewalt erscheinen. Aber nicht auf sein einzelnes Begreifen kommt es an, sondern auf das allgemeine Begreifen.

b) Strafe als Schmerz

Nun erschöpft sich Strafe nicht darin, einen Widerspruch gegen die Tat zu symbolisieren, sondern sie zwingt den Normbrecher, beginnend mit dem Zwang, sich den Schuldspruch anzuhören, und sich sodann in der Vollstreckung der Strafe fortsetzend. Ein bloßer Widerspruch lässt sich in vielerlei Art und Weise ausdrücken – warum wird er gerade in der Gestalt von Zwang ausgedrückt, durch einen Strafschmerz? Folgt man *Hegel,* so soll durch die Strafe die Nichtigkeit der Tat (der „Verletzung des Rechts als Rechts") manifestiert werden (Rph, § 97); das dürfte bestenfalls ein Bild für ein noch zu formulierendes Argument abgeben, weniger noch, es führt vom Problem weg, da die „Manifestation" sich nur auf die kommunikative Seite des Geschehens bezieht und über die stumme Seite, den Schmerz, nichts aussagt.

Zur Lösung des Problems ist daran zu erinnern, dass normative Institutionen nur dann die stattfindende – nicht fiktive – Orientierung leiten können und in dem Sinne wirklich werden, wenn sie kognitiv untermauert sind; mit anderen Worten, potentielle Opfer müssen sich in der Gesellschaft mit ihren Interessen einrichten können, und dazu reicht ein – noch so gut begründetes – Verletzungsverbot nicht hin, vielmehr muss die Aussicht hinzukommen, wahrscheinlich auch nicht verletzt zu werden (V A; VIII B). Würde einem Normbruch ohne Strafschmerz widersprochen, so verkäme die Norm bei denjenigen, die sich um den Widerspruch nicht sonderlich scheren, zu einer unverbindlichen Empfehlung. Erst der den Widerspruch begleitende Schmerz begründet das Vertrauen, auch an sich Befolgungsunlustige würden sich wohl normgemäß verhalten.

Strafe ist deshalb nicht nur Kommunikation, sondern zugleich auch ein stummer Realakt, und der Strafschmerz lässt sich nur über diese stumme Seite begreifen.

Mit den skizzierten Überlegungen ist bislang freilich nur die Zweckmäßigkeit des Strafschmerzes dargetan, aber noch nicht ausgemacht, ob es überhaupt legitim ist, ihn dem Normbrecher zuzufügen. Auch hierzu vermag die Antwort *Hegels* nicht zu befriedigen: Der Normbrecher habe durch seine Handlung „ein Gesetz aufgestellt ..., das er in ihr für sich anerkannt" habe (Rph, § 100). Dieses vom Normbrecher aufgestellte „Gesetz" zielt auf einen normlosen Zustand und eignet sich deshalb nicht für eine Verallgemeinerung, im Gegenteil, ihm muss widersprochen werden. Aber der Schmerzzufügung fehlt Sinn, soweit sie ein stummer Realakt ist (Zwang behandelt nun einmal „ein anderes vernünftiges Wesen nach Naturgesetzen"; *Feuerbach,* Kritik, S. 296; dazu VIII A), und deshalb kann ihre Begründung auch nur in der Veränderung der natürlichen Lage gefunden werden: Der Normbrecher hat durch seine Tat zurechenbar eine Lage geschaffen, in der, bliebe ein Strafschmerz aus, die kognitive Untermauerung der Norm erodieren und damit die Wirklichkeit der Norm verloren gehen, zumindest aber geschwächt würde. Der Strafschmerz hebt die Gefahr der Erosion auf; seine Legitimation gründet demgemäß im Synallagma von Verhaltensfreiheit und Folgenverantwortung: Der Normbrecher hat seinen Freiraum überschritten und soll für die Folgen einstehen – *Schadensersatz* (Ausgleich des „intellectuellen Schadens", *Welcker,* S. 252 ff., 263).

Damit wird nicht jede irgendwie nützliche oder gar willkürliche Strafe legitimiert, sondern einzig eine solche, die den spezifisch vom Normbrecher zu verantwortenden Schaden ausgleicht und mehr nicht. Es geht also nicht darum, den Normbrecher von weiteren Taten abzuhalten – diese haben noch keinen Schaden hervorgerufen –, noch anderen Personen ihre ohnehin bestehenden Neigungen zu Normbrüchen auszutreiben, vielmehr soll allein der geschehene Normbruch als nach *allgemeinem* Verständnis missglücktes Unternehmen

C. Sanktion: Erhaltung normativer Wirklichkeit

dargestellt werden: Die kognitive Stabilität der Norm soll erhalten bleiben (nicht: gesteigert werden). Ein für allemal geltende Strafquanten lassen sich nicht nennen; denn eine „ihrer selbst sicher gewordene Macht der Gesellschaft" setzt „die äußerliche *Wichtigkeit* der Verletzung herunter" (*Hegel*, Rph, § 218) und eine unsicher gewordene Macht dementsprechend herauf.

Die Beschränkung der Strafhaftung auf den Ausgleich des Schadens der einzelnen Tat ist nicht logisch zwingend, sondern ergibt sich aus dem heutigen gesellschaftlichen Verständnis. In der Zeit der Aufklärung sah man das anders und verband alle aktuellen und potentiellen Normbrecher zu *einer* für das Gesamtergebnis verantwortlichen Clique (zu dieser Zurechnungsform IX B 1 c), dies mit der Folge einer stetigen Steigerung der Strafhöhe, bis *alle* überhaupt abschreckbaren potentiellen Normbrecher auch effektiv abgeschreckt werden. *Chr. Wolff* formuliert lapidar: „Wenn Diebe sich nicht mehr vor dem Galgen fürchten, wäre es nicht ungerecht (!), wenn man sie mit dem Rade verfolgete" (§ 344).

Aber auch wenn der „Schadensersatz" auf die Einzeltat bezogen wird, gelten die Ausführungen nur für eine Gruppe mit einer im Großen und Ganzen akzeptierten personalen Verfassung, in der, beispielhaft gesprochen, „man nie gehört" hätte, „ein wegen Mordes zu Tode Verurteilter" habe „sich beschwert..., daß ihm damit zuviel und also unrecht geschähe" (*Kant*, MdS, S. 456). Die Beschwerde mag nur deshalb unterbleiben, weil sie von vornherein als zwecklos erkannt wird; jedenfalls steht das feste Bewusstsein der Gruppe dagegen und behandelt das Vorbringen, man sei nicht Person, als Frechheit oder (so *Kant*) als lachhaft. Mit anderen Worten, das Gesagte gilt nur für eine Gruppe, für die es selbstverständlich ist, dass sie eine Aufgabe zu erfüllen hat, die sich also nicht in der Sorge um das Wohlergehen der Individuen erschöpft und in der diese ihr Auskommen nicht durch *panem et circenses* finden, sondern durch die Hintergrunderfüllung, die das Bewusstsein bietet, Teil eines Ganzen zu sein. Wenn aber, aus welchen Gründen auch immer, die Aufgabe der Gruppe nicht mehr begriffen wird, verkümmert die Straftheorie als Teil einer Gesellschaftstheorie zur Glückseligkeitsverwaltungslehre als Teil der Kunde vom Umgang mit massenhaft auftretenden Individuen – wohl eine wichtige Sache, aber gewiss keine für Personen oder gar Subjekte. Das Wort „Verkümmerung" bedeutet dabei keine Schelte, sondern soll beschreiben; für den Vorgang mag es unausräumbare Gründe geben. Wenn es für eine Gruppe nach außen nichts mehr zu tun gibt, weil sie unangefochten besteht, was soll ein Geist des Dazugehörens dann noch bewirken?

D. Normbrecher und Externe

Wenn die Strafe im geschilderten Verständnis die normative Identität einer Gruppe bestätigt, so liegt auf der Hand, dass nur ein Gruppenmitglied bestraft werden kann: Niemand sonst kann die normative Identität angreifen und die kognitive Untermauerung einer *Norm* in Frage stellen. Die Sequenz von Normbruch und Strafe ist also ein Vorgang rein innerhalb der Gruppe. Der Normbrecher ist nicht Gegner der Gruppe im Sinn einer normativ nicht gebundenen, widrig konstellierten Umwelt, die aus anderen Menschen besteht, sondern deren Mitglied. Ob jemand Mitglied ist, legt die Gruppe fest, indem sie ihn als Person behandelt oder eben nicht. Kriterien der Unterscheidung mögen Abstammung oder Heirat bilden (Sippe), Volks- oder Nationszugehörigkeit oder Erwählung, Bekenntnis zum Erwähltsein etc., dies nebst Kombinationen (*cuius regio, eius religio*) und deren Ausschluss (etwa die Unmöglichkeit einer anderen Religion als derjenigen des Herrschers).

Erfolgt eine Störung durch Externe, so wird diese – wie jede widrige Umwelt – kognitiv erledigt, was heißt, der Gegner werde an seinen Unternehmungen gehindert, wobei es eine reine Zweckmäßigkeitsfrage ist, ob man ihn vernichtet oder sich mit ihm arrangiert. Dementsprechend stand jahrhundertelang einigermaßen außer Streit, dass gegnerische Soldaten, aber auch Herrscher gegnerischer Gruppen, nach einem gewonnenen Krieg nicht zu verurteilen waren, und zwar schlicht mangels eines Normbruchs, auch wenn es immer Zweifelsfälle gegeben hat (Welchen Status hat der heimlich eingedrungene Spion?), insbesondere bei Konzepten, die jede normative Bindung auf ein Sich-Unterwerfen gründen (Hat sich jeder Durchreisende konkludent unterworfen? So *Locke*, 2. Abhandlung, § 119).

Nun ist nicht garantiert, dass sich die Definition der Beteiligten durch die Gruppe auf diejenigen beschränkt, die sich im Großen und Ganzen nach deren Regeln verhalten; vielmehr mag die Gruppe selbst manche als Personen reklamieren, die davon nichts ahnen können oder aber, sei es eingebettet in andere normative Bindungen, sei es als Individuen, keine Pflichten der Gruppe tragen wollen, da sie auch nicht an deren Vorteilen teilhaben können oder wollen. Man stelle sich vor, irgendeine religiöse Gruppe konstatiere die Pflicht jedes Menschen, sich taufen zu lassen, und ahnde Weigerungen mit „Strafe". Wenn diese Gruppe die größten Teile der Weltbevölkerung ergriffen hat und diese in ihr ein Auskommen finden, wird der Rest, gesetzt, er ist hinreichend kärglich, die Strafe wohl in dem Bewusstsein dulden, aus der Welt gefallen zu sein, und man wird keines Bestraften Beschwerde hören, „dass ihm damit zu viel und also unrecht geschähe" (IX B 2 b a. E.), aber bis es dazu kommt, dass diese Religion das allgemeine Bewusstsein beherrscht, trifft sie auf eine Welt, die nun einmal nicht nach ihrer Ordnung lebt, was heißt, sie wirkt als schierer Zwang.

Die Definitionsmacht der Gruppe über ihre Mitglieder führt also nur dann zu einer normativen Ordnung, wenn die Mitglieder nach der Ordnung leben und nicht lediglich bestraft werden. Ansonsten geht es nur nominell um interne Angelegenheiten, materiell hingegen um die Usurpation Externer. Dieser Befund soll durch die Erörterung der Begründbarkeit eines internationalen Strafgerichtshofs für Menschenrechtsverletzungen verdeutlicht werden, wobei unterstellt wird, die Menschenrechte seien so gut begründet, wie dies für Normen überhaupt möglich ist. Geht ein Despot hin und vernichtet eine bestehende Menschenrechtsordnung, so handelt es sich so lange um Normbruch im großen Stil und seine Bestrafung wirft straftheoretisch kein Problem auf, wie seine Handlungen diese bestehende Ordnung stören, also eine Ordnung, nach der die Personen ihr Leben führen, soweit dies trotz der Verletzung möglich ist. Fehlt es aber an einer solchen gelebten und in dem Sinn wirklichen Ordnung, sei es von Anfang an, sei es, weil sich die Individuen unter dem Zwang der Verhältnisse unabhängig von der Ordnung arrangieren, so zerstören die Taten keine Wirklichkeit von Normen, sie machen nicht eine normative Welt zweideutig, sondern sind schlicht Gewaltunternehmungen eines mächtigen Individuums gegen ohnmächtige Opfer, und ein guter Grund zur Revolution einschließlich eines guten Grundes, den Despoten zu erschlagen, wird sich um so eher finden lassen, wie die Menschenrechte, um deren Verletzung es geht, auf guten Gründen beruhen; nur haben solche Reaktionen nichts mit Strafe im üblichen Verständnis zu tun, auch dann nicht, wenn sie von einem Gerichtshof verhängt werden. Wer von Strafe spricht, wo es nicht um die Störung einer *bestehenden,* sondern die Einrichtung einer *neuen* Ordnung geht, verkennt die Freiheit der nicht durch eine wirkliche Ordnung gebundenen Individuen auf beiden Seiten, der Seite der Opfer und derjenigen der Täter.

Es bedarf keiner längeren Erörterung, dass nach diesen Grundsätzen auch der strafrechtlichen Ahndung von Menschenrechtsverletzungen in der DDR eine *straf*theoretische Begründung fehlt. Wenn der Bundesgerichtshof ausführt, zwar habe die dortige Staatspraxis Menschenrechte nicht geachtet, aber nach ihrem eigenen „richtig interpretierten Gesetz" achten müssen (*BGHSt* 39, 1 ff., 29), so handelt es sich um eine Ersetzung dessen, was besteht, durch das, was bestehen soll. Aber auch wenn letzteres mit noch so großer Macht zur Wirklichkeit drängt – bevor es nicht besteht, ist es keine wirkliche Ordnung.

X. Wirtschaft als Gesellschaft

A. Statusprobleme

Setzt man allein bei den Bedürfnissen der Individuen an, so gelangt man nie zur Person, beharrt vielmehr bei den Kalkulationen innerhalb des Schemas von Lust und Unlust. Eine Person entsteht erst, wenn das Bedürfnis der Gruppe als Sollen auf den Einzelnen übertragen und er damit als notwendiges Element der Gruppe definiert wird – wegen dieser seiner Notwendigkeit erhält er auch die Rechte, die er braucht, um seinen Pflichten genügen zu können. Mit anderen Worten, das Person-Sein besteht im Eingepasst-Sein in eine der Gruppe dienende und in dem Sinn objektive Ordnung. Nun gehört es zu den Kennzeichen der Neuzeit, dass dieses Objektive der öffentlich verbindlichen Ordnung immer weiter verdünnt worden ist: An die Stelle des Heiligen, Verbindenden, treten die Bedingungen eines instrumentalen, individuellen Nebeneinanders, und es scheint, dass die Rechte an die Gruppe die Pflichten ihr gegenüber weit überwiegen. Aber die Pflichten zum Mitmachen sind lediglich transformiert worden; sie sind aus dem Bereich förmlicher Rechtspflichten ausgeschieden und firmieren nunmehr als informell sanktionierte Obliegenheiten zum gewinnbringenden Wirtschaften.

Einen Versuch, die Person durch ihre Aufgabe für die Gruppe zu begreifen, unternimmt noch *Chr. Wolff:* „... im gemeinen Wesen" solle „man darauf bedacht sein, wie man einen jeden dazu bringe, dass er nichts vornehme, was der gemeinen Wohlfahrt und Sicherheit zuwider ist, noch unterlasse, was dazu dienlich befunden wird" (§ 1). Im Preußischen Allgemeinen Landrecht (1794) findet dieser Programmsatz eine verspätete Positivierung: „Ein jedes Mitglied des Staats ist, das Wohl und die Sicherheit des gemeinen Wesens, nach dem Verhältnis seines Standes und Vermögens, zu unterstützen verpflichtet" (§ 73 Einleitung). Es geht bei dieser Verpflichtung, dem „gemeinen Wesen" zu nutzen, zwar auch um Bevormundung, Gängelei, aber, und darauf kommt es hier an, zugleich um Anerkennung im Sinne der Begründung eines Status: Jeder ist wichtig, denn jeder ist Teil des Ganzen. Wenn er ausfällt, mag er ersetzt werden können, aber bis es soweit ist, hat er seinen Platz, und es ist unzulässig, ihn davon wegzudenken. Wem es gelingt, sich von dieser Einpassung zu emanzipieren, wer sich also seine Gestalt nicht vorschreiben lässt, mag dadurch Freiheit im Sinne der Möglichkeit gewinnen, nach eigener Willkür zu verfahren, vielleicht auch die Chance, in *anderen* Gesellschaften einen Platz zu finden, gehört aber notwendigerweise *dieser* Gesellschaft in dem Maß nicht mehr an, in dem seine Gestalt ungewiss geworden ist, und wenn die Gestalt all ihrer Mitglieder bereichsweise ungewiss wird, fällt insoweit Gesellschaft überhaupt aus. Freiheit als Willkür verwischt die Gestalt der Person wie der (normativ verfassten) Gesellschaft.

Die Individuen mögen sich dann noch gemäß ihrer Willkür instrumental arrangieren, und dabei mag es zu faktischen (nur mit negativem Saldo annullierbaren) Bindungen kommen, nicht aber zu solchen durch gesellschaftliche Normen, da sich diese nicht allein durch Willkür, auch nicht durch mutuelle Willkür, erzeugen lassen. Für die gesellschaftsauflösende Wirkung von Willkür spielt es keine Rolle, aus welchem Grund mehr oder weniger große Teile aus der Gesellschaft entlassen oder nicht erst für sie akquiriert wurden. Es mag eine Einheit stiftende Kraft verloren gegangen sein, wie zur Zeit des *Hobbes* diejenige der Religion. Es mag sich auch ergeben, dass auf dem Rücken individueller, also dezentraler, Betätigung für die Gruppe mehr herausspringt als bei zentraler Verwaltung, wie es bei der Wirtschaft der Fall sein dürfte. Jedenfalls löst die Willkür in dem Maße, in dem sie sich durchsetzt – im wirtschaftlichen Bereich nicht etwa im *Dass* der Betätigung, sondern nur im *Wie* – die öffentliche Stellung des Bürgers auf; beispielhaft gesprochen, bei Gewerbefreiheit verkümmert ein

Beruf von einem Status zur Art und Weise des Einsatzes von Arbeitskraft.

Die Möglichkeit einer Verdünnung des normativen Bandes lässt sich an *Kants* Rechtsbegriff ablesen. Der „Inbegriff der Bedingungen, unter denen die Willkür des einen mit der Willkür des anderen nach einem allgemeinen Gesetze der Freiheit zusammen vereinigt werden kann" (MdS, S. 337), hat einen negativen Inhalt, nämlich den anderen nicht zu beeinträchtigen, nicht zu stören, was heißt, dass der eine und der andere im Grundsatz als isolierte Individuen gedacht werden, deren Gemeinsamkeit sich darauf beschränkt, sich nicht gegenseitig im Bestand zu stören. In der Formulierung von *Fries* heißt das, es gebe keine Pflicht zum Umgang mit anderen, nur sei, „wenn ich ihn behandle, seine Würde zu respektieren" (S. 14). Die normentheoretische Konsequenz zieht *J. P. A. Feuerbach*, indem er die „ursprüngliche Verbindlichkeit des Bürgers ... auf Unterlassungen" beschränkt (Lehrbuch, § 24), und auch *Hegel* engt das abstrakte Recht (freilich nur dieses!) dergestalt ein: „Die Notwendigkeit dieses (abstrakten) Rechts beschränkt sich ... auf das Negative, die Persönlichkeit und das daraus Folgende nicht zu verletzen. Es gibt daher nur Rechtsverbote ..." (Rph, § 38).

Fragt man unter diesen Umständen danach, was eine Person ausmacht, so lautet die Antwort, wer nicht verletzt werden dürfe und seinerseits nicht verletze, sei Person, – ein recht kleiner Status, ohne den gewiss keine Gesellschaft auskommen kann, der aber, wenn es bei ihm bleibt (also nicht bei *Hegel*, für den der *Kantische* Rechtsbegriff außerhalb des abstrakten Rechts „nur eine negative Bestimmung, die der Beschränkung," ausmacht; Rph, § 29 Anmerkung), jede positive Verbindung der Willkür überantwortet. Dieser Rückschnitt dürfte nötig sein, um die Individuen für ein Wirtschaften als Bürger und als Arbeitskräfte freizusetzen, und die Bedürfnisse der Gruppe werden dabei nicht vernachlässigt, sondern durch eine unsichtbare Hand befriedigt, und zwar um so mehr, je stärker die „Teilung der Arbeit" diese rationalisiert, so dass am Ende „der Mensch davon wegtreten und an seine Stelle die

Maschine eintreten lassen kann": „In dieser Abhängigkeit und Gegenseitigkeit der Arbeit und der Befriedigung der Bedürfnisse schlägt die subjektive Selbstsucht in den Beitrag zur Befriedigung der Bedürfnisse aller Anderen um, – die Vermittlung des Besonderen durch das Allgemeine als dialektische Bewegung, so daß indem jeder für sich erwirbt, produziert und genießt, er eben damit für den Genuss der Übrigen produziert und erwirbt" (*Hegel,* Rph, §§ 198, 199).

B. Definitionsmacht der Wirtschaft

Wenn es nun aber nicht mehr der Geist der Religion ist, der die Verhältnisse gestaltet, oder der Geist der Nation, sondern der Geist der Wirtschaft, so ist die *positive* Ergänzung der Person zum Träger eines öffentlichen Status gleichfalls in diesem Geist zu suchen: An die Stelle der Pflicht „das Wohl und die Sicherheit des gemeinen Wesens, nach dem Verhältnis seines Standes und Vermögens, zu unterstützen" (X A), tritt die Obliegenheit, zum Wirtschaftsprozess beizutragen. Diese positive Seite wird der Person zugeordnet, die in der Gruppe wirtschaftet, und sie erhält die Rechte, die sie zum Wirtschaften benötigt.

Damit ist freilich dem Staat ein Konkurrent mit eigener Dynamik erwachsen, und wie es im Mittelalter zur Beschreibung der öffentlichen Ordnung nötig war, Kaiser *und* Papst zu nennen, so ist es hinfort nötig, den Staat *und* die Wirtschaft anzuführen (*Forsthoff,* S. 168), und das wird ja auch geläufig praktiziert. Trotz der Schärfe, mit der *Hegel* die Macht der industriellen Erwerbsgesellschaft beschreibt – hier fliegt die Eule der Minerva weit vor der Dämmerung –, meint er, sie auf Bedürfnisbefriedigung beschränken und ihre Gesetze durch den Staat bändigen zu können: „Gegen die Sphäre des Privatrechts und Privatwohls, der Familie und der bürgerlichen Gesellschaft, ist der Staat einerseits eine *äußerliche* Notwendigkeit und ihre höhere Macht, deren Natur ihre Gesetze, sowie ihre Interessen untergeordnet und davon abhängig sind" (Rph,

§ 261). Diese Sicht trifft zur Zeit *Hegels* wohl den Kern der Gesellschaft; denn noch geht es um die Sicherstellung schierer Bedürfnisbefriedigung, um „*wealth*", und zwar „*of nations*". Aber es ist auch bereits bekannt, dass „die bürgerliche Gesellschaft", jedenfalls wenn sie sich „in ungehinderter Wirksamkeit befindet", keineswegs naturwüchsig auf allseitige Bedürfnisbefriedigung hinausläuft, vielmehr einerseits „Anhäufung der Reichtümer" und andererseits „Abhängigkeit und Not" produziert (Rph, § 243), also offenbar nach einem eigenen Programm abläuft.

Wenn mittlerweile diese Zerrissenheit der bürgerlichen Gesellschaft in ihre Extreme überwunden wurde, so nicht deshalb, weil es gelungen wäre, die Wirtschaft unterzuordnen, sondern weil der Obrigkeitsstaat dem in mannigfaltiger Weise umverteilenden Leistungsstaat gewichen ist, der eben wegen der befriedigenden und deshalb befriedenden Wirkungen der Umverteilung die Bedingungen sicheren Wirtschaftens auf Dauer stellt. Die eigene Dynamik der Wirtschaft bleibt dabei unangetastet: Sie produziert nicht zur Bedürfnisbefriedigung (das wäre ja auch nicht notwendigerweise ein gesellschaftliches Verhalten, sondern könnte auch ein solches bedürftiger Individuen sein), sondern weil Optimierung von Produktion zur Besetzung der Märkte und zur Steigerung des Verbrauchs ihrem vom individuellen Meinen ganz unabhängigen Gesetz entspricht, vergleichbar einem Nationalstaat, dessen Bestand das nicht weiter hinterfragte höchste Gesetz bildet. So haben Produktion und Konsum nur noch am Rande mit Bedürfnisbefriedigung zu tun, zentral hingegen mit der Demonstration von Konkurrenzfähigkeit, vergleichbar dem Konkurrenzverhalten religiöser oder nationaler Gruppen. Weit über das zur Subsistenz Notwendige hinaus treibt ein heiliger Eifer – das gemeinsame Wirtschaften als einigendes Band – zu immer neuer Bestätigung wirtschaftlicher Überlegenheit oder doch Gleichheit.

Wie ein barockes Staatsdiner allenfalls nachrangig dem Sattwerden dient, hauptsächlich aber der Demonstration der Stellung in der Hierarchie, so dienen auch Produktion und Konsum nur beiläufig dem Auskommen der Individuen in der industriellen und postindustriellen Gesellschaft, vorrangig hingegen der Demonstration des Dazugehörens und der Konkurrenzfähigkeit. Und wie der absolute Herrscher *legibus solutus* entscheidet, bestimmt die Wirtschaft in nennenswertem Maß die Gesetze ihres Standorts selbst, zwar nicht unvermittelt, aber doch gegenüber einem Leistungsstaat durch harte Sachzwänge garantiert. Wie schließlich dieser Herrscher nicht im Verhältnis zu Basis, zu den Klugheitsregeln, absolut steht, wird auch die Wirtschaft scheitern, wenn sie ihr Ziel nicht erreicht.

Ziel des Wirtschaftens ist es stets, die Märkte zu besetzen. Einen Gewinn zu erwirtschaften, kann nur als Zwischenziel gelten; denn nicht der Gewinn (ein Kapital) bestimmt die Art und Weise des gemeinsamen Lebens, sondern die Gestaltung der Märkte durch Produktion (wozu freilich ein Kapital als unerlässliche Bedingung gehören mag). „Gestaltung der Märkte" ist eine partiell formale Bezeichnung (wie der Begriff des Staates partiell formal ist); denn es steht nur fest, dass es um Wirtschaft geht, nicht aber um welche. Den weiteren Inhalt entscheidet die Wirtschaft so wenig, wie ein absoluter Herrscher festlegt, welche Interessen den Bürgern als elementar gelten und wann sie deren Schutz für einigermaßen hinreichend halten, so dass sie nicht nur aus Zwang mitmachen, sich vielmehr als Personen begreifen. Über den Inhalt befindet der Geist der Gruppe, wie er sich in der Konkurrenz der Gruppen herausbildet. Ob es um extremen Liberalismus geht oder um soziale Marktwirtschaft oder um eine an ökologischen Postulaten orientierte Wirtschaft, richtet sich danach, wie in dieser Konkurrenz Überlegenheit oder doch zumindest Bestand erreicht werden kann. – Wenn freilich der Kampf der Gruppen nicht mehr über das Produzieren entschieden würde, sondern etwa unvermittelt über das ökologisch Erreichte, hätte die Wirtschaft ihre Macht verloren, einen öffentlichen Status zu generieren.

Noch hat einen öffentlichen Status, wer zur Produktions- und Verbrauchsgemeinde gehört, was mit der Obliegenheit

B. Definitionsmacht der Wirtschaft 125

beginnt mitzumachen. Im Blick auf die Grundrechtsgewährungen der modernen Staaten mag diese positive Auszeichnung der Person durch ihre Obliegenheit zum Vorantreiben der Wirtschaft allerdings wie eine Karikatur erscheinen: Ist nicht die Person primär Trägerin von Abwehrrechten gegen die Gruppe? Gewiss entspricht dies geläufiger Sicht, ist aber trotzdem falsch, wenn Personalität mehr bedeuten soll als die Inhaberschaft individueller Annehmlichkeiten.

Die Wirtschaft als statusgewährende Ordnung für Personen bringt das – schon früh erkannte – Problem, welche Stellung diejenigen einzunehmen haben, die mangels Fähigkeit oder Gelegenheit an der Produktion nicht teilnehmen können. Das Problem betrifft nicht die jungen Menschen: Ihre Ausbildung ist Vorbereitung der Produktion. Auch für alte Menschen, die nach längerem Wirtschaften ausscheiden, lässt sich Personalität begründen; denn sein Auskommen in der wirtschaftlichen Ordnung findet nur – und deshalb lässt sich auch nur von demjenigen Akzeptation seiner Personalität erwarten –, wer beruhigt sein kann, im Alter versorgt zu werden und diese Versorgung als Erfolg eigenen Wirtschaftens verstehen zu dürfen. Aber den an der Produktion weder zukünftig noch in der Vergangenheit in hinreichendem Maße Beteiligten lässt sich *in der Ordnung der Wirtschaft* kein Status zuweisen. Wird ihnen aus dem von anderen Erwirtschafteten ein Unterhalt gewährt, so wird „die Subsistenz der Bedürftigen gesichert, ohne durch die Arbeit vermittelt zu sein, was gegen das Prinzip der bürgerlichen Gesellschaft und des Gefühls ihrer Individuen von ihrer Selbständigkeit und Ehre" geht (*Hegel*, Rph, § 245). Einen öffentlichen Status besitzt, wer von der Gruppe gebraucht wird, und den von ihr Unterhaltenen braucht die wirtschaftende Gruppe nicht, anders als den sich selbst Unterhaltenden. Mit anderen Worten, die im beschriebenen Sinne nicht Wirtschaftenden bleiben zwingend Umwelt der sozialen Ordnung „Wirtschaft"; kurz und knapp, sie bleiben draußen. Dieses Ergebnis mag man durch Potentialisierungen (eventuelle Beseitigung der Arbeitslosigkeit) oder Fiktionen abzumildern versuchen, ohne es freilich aufheben zu können.

Solange der Zusammenhang von Person und Pflicht nicht artikuliert wird, bleibt die Kraft der Wirtschaft, einen Status zu begründen, verborgen. Als erklärungsbedürftig erscheint dann das geringere Maß der Subsistenzmittel der Unterstützten und nicht der Mangel an Vermittlung durch eigene Arbeit. Diese Sicht indiziert, so es bei ihr bleibt, entweder eine Krise der Wirtschaftsordnung, die dann nicht mehr beansprucht, einen öffentlichen Status zu generieren, sich vielmehr im Produzieren erschöpft, oder aber eine Krise des Verständnisses von Person und damit Gesellschaft überhaupt.

XI. Universalisierung?

Die Gruppe, in die eine Verbindung von Individuen mündet oder die Personen generiert, ist bei den hier angeführten Autoren, von *Hobbes* bis *Hegel,* der Staat, und zwar aus verschiedenen Gründen, von denen der Grund *Hegels* am nächsten liegt: Der Staat ist nun einmal zu seiner Zeit das nach seiner Sicht sittliche Ganze, dessen Glied zu sein, dem einzelnen verordnet ist. Bei *Rousseau* muss dieses Ganze erst einmal errichtet werden, bestimmt dann freilich die Personalität; bei ihm lässt sich schon fragen, warum es als Staat errichtet wird und nicht universeller. Die Frage liegt bei denjenigen Autoren noch näher, die nicht auf ein Ganzes, sondern auf einen Zusammenschluss von Einzelnen aus sind, also bei *Hobbes, Locke, Kant* und auch *Fichte*. Wieso erfolgt der Zusammenschluss nur zum Staat und nicht zu einer Universalverwaltung der Welt? Nun hätte eine Universalisierung die Staatstheorien der Autoren in – nicht einmal lehrreiche – Utopien gewandelt, wie auf der Hand liegt, und deshalb verfolgt auch *Kants* Entwurf zum ewigen Frieden den Weg zum Frieden über einzelne Staaten, eben durch einen Staatenbund (Frieden, S. 208 ff. und passim), und nicht an den Staaten vorbei.

Aber ebenso ist offenbar, dass solche Ansätze nicht genuin auf einen Staat neben anderen Staaten zielen (*Kersting,* S. 212 ff.). „Das erste und grundlegende Gesetz der Natur" lautet bei *Hobbes:* „Suche Frieden und halte ihn ein" (S. 100), aber der Frieden durch Gründung eines Staates neben anderen wird um den Preis der Kriege der Staaten untereinander erkauft (ein Preis, den *Hobbes* dadurch zu verringern trachtet, dass er die Staatlichkeit an eine Mindeststärke bindet: Der Staat gibt erst „verlässliche Sicherheit", gewinnt also nur Legitimität, „wenn die Überzahl des Feindes nicht so offensichtlich und ausschlaggebend ist, dass von vornherein der Ausgang des Krieges feststeht und ihn deshalb zu einem Versuch ermuntert", S. 132). Und wenn bei *Locke* „die Gesetze der Natur", insbesondere diejenigen zum Schutz des durch Arbeit erworbenen Eigentums, „die Menschen absolut (binden), eben weil sie Menschen sind, auch wenn sie nie eine Gemeinschaft gebildet und nie untereinander ein feierliches Abkommen darüber getroffen haben, was sie tun sollen oder nicht" (2. Abhandlung, § 14 mit § 51), muss ein Staat neben anderen Staaten geradezu als Störung dieser bereits angelegten Universalität erscheinen. Entsprechendes gilt für *Kants* Argumentation, jeder dürfe den anderen mit Gewalt antreiben, vom Zustand natürlicher Freiheit mit nur provisorischem Eigentum in einen Zustand zu treten, in dem über Rechte von einem Richter verbindlich entschieden wird (MdS, S. 430), oder für die ganz ähnliche Argumentation *Fichtes,* der Staatsbürgervertrag diene formell der „Vereinigung des Willens beider zur gütlichen Beilegung ihres Rechtsstreits" sowie materiell der Anerkennung des Besitzes des anderen (Naturrecht, S. 192 f.): Eine territoriale und personale Beschränkung der zu errichtenden Gewalt ist für solche Friedens- und Eigentumsgarantien nicht konstitutiv, mehr noch, hinderlich.

Bei *Hegel* findet sich eine Begründung dafür, dass ein Universalstaat nicht nur praktisch utopisch, sondern auch schon theoretisch problematisch wäre: „So wenig der Einzelne eine wirkliche Person ist ohne Relation zu anderen Personen (...), so wenig ist der Staat ein wirkliches Individuum ohne Verhältnis zu anderen Staaten" (Rph, § 331 Anmerkung). Ein Universalstaat könnte kein Selbstbewusstsein und ebenso wenig eine verbindliche normative Gestalt gewinnen, da es – bei *Hegel* – kein Gegenüber gäbe, zu dem er in „Relation" treten könnte. Nach dem hiesigen Konzept kann – vergleichbar einem Individuum – eine Gruppe nur zu Selbstbewusstsein gelangen, wenn sie sich gegen sich selbst stellt (siehe IV A 2), was heißt, wenn sie nicht nur von bestimmter Gestalt ist und diese stabilisiert, sondern es auch als ihre – wie auch immer begründete – Aufgabe versteht, am Fortgang (nicht gemeint ist: Fortschritt) der Geschichte mitzuwirken, einem Fortgang, der sich gegen

XI. Universalisierung?

ihre eigene Gestalt richten kann und auf Dauer richten wird, da diese Gestalt als eine Einzelheit in dem umfassenden geschichtlichen Prozess nur ein vorübergehendes Moment bildet. Eine Gruppe, die nur in sich selbst ruht, hat mangels Aufgabe so wenig Selbstbewusstsein wie ein reines Individuum; dies gilt auch für eine Universalgruppe.

Nun ließe sich argumentieren, wenn eine Universalgruppe ohne ihr bewusste Aufgaben bestehe, schlösse das nicht aus, den Mitgliedern die Aufgabe aufzuerlegen, die Gestalt der Gruppe zu erhalten; also könne auch die sich ihrer selbst nicht bewusste Gruppe Personen generieren. Freilich verliert sich die Gestalt der Gruppe im Beliebigen, wenn sie aus dem Fortgang der Geschichte gelöst wird. Man mag sich für alle denkbaren Verfassungen, diejenigen Babylons oder Athens oder des republikanischen oder kaiserlichen Roms etc., ausmalen, sie seien universalisiert, also auf die ganze Fläche des Globus bezogen – ohne das Urteil der Geschichte bliebe es schlechthin gleichgültig, welche so verfasste Gruppe zu welcher Zeit stabilisiert würde. (Beiläufig: Man wende nicht ein, etwa eine aristokratische Verfassung lasse sich nicht universalisieren; das Gegenteil ist richtig: Jede Verfassung ist *per se* universell angelegt; denn sie ist stets die Verfassung einer Gruppe *aller* Mitglieder. Ob es um alle Aristokraten oder alle Freien oder alle Weißen oder alle Menschen gehen muss, lässt sich nur für den jeweiligen historischen Kontext ausmachen.) Im Ergebnis könnte also eine unbeschränkte Universalgruppe – wie auch immer Universalität bestimmt werden mag – ihren Mitgliedern zwar eine Aufgabe stellen, aber auf die Frage, weshalb gerade sie und nicht etwa ihr radikales Gegenstück stabilisiert werden soll, könnte sie keine Antwort geben.

Diese Sprachlosigkeit der Gruppe verschlüge nichts, solange ihre Mitglieder nicht fragen würden, weil sie, entweder in Unwissenheit gehalten oder alles wissend und „von der Erfahrung der Geschichte erschöpft" (*Fukuyama*, S. 407), über einen Fortgang nicht nachdenken könnten oder wollten. Was den Mitgliedern dann als Stillstand oder gar Ende der Geschichte erschiene, wird freilich schon deshalb nicht von

Dauer sein, weil sich wegen der Unmöglichkeit, Personalität und Individualität völlig zur Deckung zu bringen, Balancen ohne dauerndes zweckvolles Zutun allenfalls kurzfristig glückhaft ergeben können; sobald sie aber durch Zutun geleistet werden müssen, stellt sich zwingend die Frage nach der Begründung dieses Zutuns und damit nach der Vorzugswürdigkeit der gegebenen Verfassung oder einer Alternative dazu.

Das heißt allerdings nicht, da eine universale Gruppe stets mit ihren Alternativen konkurriere, bleibe doch wieder alles beim Alten und nach wie vor entscheide die Geschichte über die Wirkungsmacht der Gruppenverfassungen. Vielmehr träten an die Stelle der Konkurrenzen von Gruppen unterschiedlicher Verfassungen Konkurrenzen von *Meinungen* über potentielle Verfassungen einer Universalgruppe. Nicht mehr würde die Praxis einer Gruppe auf diejenige einer anderen prallen und an ihr zu messen sein – es gäbe ja nur *eine* Praxis –, sondern es stünden Meinungen einander gegenüber, und zwar von der Vorzugswürdigkeit der einzig vorhandenen Praxis oder aber einer ihrer Alternativen. Ob unzeitgemäße Wirklichkeit gegen zeitgemäßen Geist stünde oder dessen Verwirklichung gegen bloße Begeisterung, ließe sich bei dieser Lage nicht mehr ausmachen, so dass diejenigen das Wort führen würden, denen die wenigsten Bedenken kämen.

Auch wenn die Universalgruppe mit dem begönne, was sich in der bis dahin praktischen Konkurrenz der Gruppen als notwendig erwiesen hätte – man mag unterstellen, das seien größtmögliche Freiheit und Gleichheit aller Menschen sowie reichliche Befriedigung von deren Bedürfnissen –, würde die Vorzugswürdigkeit der Gruppenverfassung von der Sekunde der Universalisierung an zur bloßen Meinung. Praktische Konkurrenz hat demgegenüber ein solideres Fundament, und die Härte, dass ein Streit der konkurrierenden Gruppen, „insofern die besonderen Willen keine Übereinkunft finden, nur durch Krieg entschieden werden" kann (*Hegel*, Rph, § 334), lässt sich durch Universalisierung auch nicht vermeiden, sondern nur umbenennen: Krieg wird durch Bürgerkrieg substituiert, Militär durch Polizei und Kampf durch Unrecht.

XI. Universalisierung?

Die vorstehenden Überlegungen gelten freilich keinem aktuellen Problem. Selbst wenn die Verfassungen der Gruppen, also der Staaten, zur Universalität neigen sollten, bliebe doch die Konkurrenz innerhalb der Wirtschaft bestehen, mehr noch, die ungehinderte Wirksamkeit dieser wirtschaftlichen Konkurrenz setzt eine gewisse Homogenität der Märkte und damit eine Universalisierung der Staatsverfassungen voraus. Die Wirtschaft hat sich vom Staat so weit emanzipiert und über diesen gestellt, dass sie nicht nur ihre Konkurrenzen selbst bestimmt, sondern den Staat den Boden dafür bereiten lässt. Sie bestimmt auch, was heute hauptsächlich unter „Krieg" zu verstehen ist: Eroberung von Märkten, Sperrung von Märkten oder Verhinderung solcher Unternehmungen. Die Aufteilung der Welt in Flächen und dort lebende Menschen ist um eine Abgrenzung von Märkten und dort verfügbarer Kaufkraft ergänzt worden, und längst ist der Stellung im Staat die Stellung in einem wirtschaftenden Unternehmen hinzuzufügen, wenn es gilt, Personalität einschließlich ihrer positiven Seite, also als Status, einigermaßen umfassend zu bestimmen. Man mag also einen Universalstaat denken, ohne zugleich den völligen Verlust eines personalen Status denken zu müssen: Die Konkurrenz innerhalb der Wirtschaft zwingt die wirtschaftenden Gruppen wegen des ansonsten sicheren Untergangs dazu, ihre Mitglieder zu Leistungen zu verpflichten.

Und was geschähe, wenn diese Leistungen als Produktion von Plunder durchschaut würden und – so unwahrscheinlich es sein möchte – keine andere Konkurrenz an die Stelle der wirtschaftlichen träte? Dann wäre die öffentliche Aufgabe der Person und damit der Grund ihrer Formung durch die Gruppe verabschiedet; die Gestalt der Gruppe könnte sich nur noch nach den Anliegen der Einzelnen richten, also, lässt man Utopien von einem neuen Menschen beiseite, nach den Anliegen der Individuen: nach deren Lust oder Unlust. – Der Leser mag zum dritten Abschnitt zurückblättern.

XII. Thesen

Individuen

1. Ein einzelnes Individuum kann zwischen sich und seiner Umwelt nicht trennen (I); Selbstbewusstsein ist ausgeschlossen.
2. Das individuelle Schema von Lust und Unlust ordnet auch die Beziehungen zu einem anderen Individuum; diese Beziehungen sind von sonstigen Umweltbeziehungen nicht *per se* unterschieden; insbesondere fehlen die Voraussetzungen zum Abschluss wirksamer Verträge (II).
3. Auch bei größeren Gruppen (deren Bestand ohne eine zentrale Verwaltung nicht stabil sein dürfte) ist es nicht ausgeschlossen, dass die Beziehungen allein im Schema der Individuen ablaufen; Normen sind dann Namen für faktisch bestehende Wirkungschancen (III).

Normen, Personen

4. Person ist, wer für eine Gruppe eine Aufgabe erfüllen soll; eine Person wird durch das Schema von Sollen und Freiraum definiert (IV A).
5. Wird die Definition als eine solche von Pflicht (Sollen) und Willkür (Freiraum) in der Binnenperspektive nachvollzogen, entsteht ein Subjekt. Erst die Entgegensetzung der psychisch realisierten Schemata (Lust / Unlust *versus* Pflicht / Freiraum) ermöglicht Selbstbewusstsein (IV A 2).
6. Allein durch eine wechselbezügliche Leistung mehrerer Individuen, insbesondere durch einen Vertrag oder durch Anerkennung, kann das Schema von Sollen und Freiraum (Pflicht und Willkür) nicht begründet werden; es bedarf

vielmehr eines Rahmens, der unabhängig von individueller Willkür verbindet. Dieser Rahmen, der Bestand der Gruppe, wird als Norm formuliert (IV A, B, C).

7. Erst die Ordnung der Personen begründet eine Gesellschaft, diese verstanden als normative Welt. Gesellschaft resultiert nicht schon aus einer Zusammenfassung der individuellen Welten (IV C).

8. Nicht nur Individuen, sondern auch Personen wird ein Leib zugeschrieben (IV D).

9. Das Schema von Sollen und Freiraum setzt dasjenige von Lust und Unlust nicht außer Kraft, so dass Individuen in der Ordnung der Personen, soll sie Bestand haben, im Großen und Ganzen ihr Auskommen finden müssen. Zu den Bedingungen des Auskommens gehört auch die kognitive Untermauerung der normativen Lage (IV E, V A).

Gesellschaft

10. Gesellschaft ist wirklich, wenn Personen begründende Normen die Kommunikation leiten, was heißt, wenn sie das maßgebliche Interpretationsmuster für Verhalten liefern (V B, C).

11. Die Wirklichkeit der Gesellschaft ist kein ein für allemal erreichter Zustand, sondern wird in einem permanenten Prozess erzeugt und erhalten. Neben den Bereichen einer personalen Ordnung bleiben praktisch nur-individuelle Beziehungen bestehen (V D, E).

12. Gesellschaft entsteht durch Verständigung über die angelegte Normenlage und deren Abgrenzung zur rein kognitiv anzugehenden Umwelt (VI).

13. Die Person kennt keinen individualistischen Vorbehalt, vielmehr sollen Personen Subjekte sein (VII A); freilich wird kein Pflichtmotiv erwartet, solange eine Motivation des Individuums die gleiche äußere Verhaltensgestalt produziert (VII B).

14. Auch noch so verständige Individualität führt nicht zu personalem Verhalten (VII C).

Zwang

15. Durch Rechtszwang wird die Person den Regeln der Natur unterworfen (VIII A); deshalb depersonalisiert sich selbst, wer durch sein zurechenbares Verhalten Zwang erforderlich macht (VIII B).
16. Wer zugunsten der Gruppe oder einzelner ihrer Mitglieder nicht verantwortliche Personen in einem Maß zwingt, das die allgemein akzeptierte Opfergrenze überschreitet, depersonalisiert diese Personen (VII C).

Störungen

17. Durch Zurechnung wird Handlung von Natur getrennt; ein Normbrecher agiert als nur-formelle Person (IX A, B 1 a).
18. Schuldzurechnung korrespondiert erwarteter Selbststeuerung (IX B 1 b), wobei das „Selbst" als normtreu gesonnene Person konstituiert wird (IX B 1 c).
19. Die Bedingungen individuellen Auskommens können Schuldzurechnung nur begrenzen, soweit dies mit der Wirklichkeit von Normen verträglich ist (IX B 2).
20. Ein Normbruch hebt die Zugehörigkeit der Person zur Gesellschaft nicht auf (IX C 1).
21. Eine strafende Reaktion ist als symbolisches Verhalten ein Widerspruch gegen die Tatbedeutung (IX C 2 a); als Schmerz zufügender Realakt dient sie der kognitiven Untermauerung der normkonformen Erwartungen (IX C 2 b).
22. Nur Gruppenmitglieder können die normative Identität der Gesellschaft in Frage stellen; also können auch nur

sie bestraft werden. Externe werden zweckmäßig behandelt (IX D).

Wirtschaft

23. In der bürgerlichen Gesellschaft enthält das jedermann erfassende Verständnis der Person nur eine negative Beziehung: Person ist, wer nicht verletzt werden darf und andere nicht verletzt (X A).
24. Die positive Beziehung wird von der Wirtschaft geleistet: Den vollen Status besitzt, wer produziert (X B).

Universalisierung?

25. Die Verfassungen konkurrierender Gruppen müssen sich in der Praxis bewähren; eine Universalgruppe könnte hingegen nur kraft der Meinungen von ihrer Vorzugswürdigkeit bestehen (XI).

Literaturverzeichnis

Aristoteles: Politik, übersetzt von E. Rolfes, 4. Auflage, Hamburg 1981

Böckenförde, E.-W.: Die Entstehung des Staates als Vorgang der Säkularisation, in: Säkularisation und Utopie, Ebracher Studien, Ernst Forsthoff zum 65. Geburtstag, Stuttgart, Berlin 1967, S. 75 ff.

Cicero, M. T.: Der Staat, hrsg. von K. Büchner, 5. Auflage, Darmstadt 1993

Durkheim, E.: Physik der Sitten und des Rechts. Vorlesungen zur Soziologie der Moral, Frankfurt am Main 1991

Feuerbach, P. J. A.: Kritik des natürlichen Rechts als Propädeutik zu einer Wissenschaft der natürlichen Rechte, Altona 1796, Nachdruck, Hildesheim 1963 (zitiert: Kritik)

– Revision der Grundsätze und Grundbegriffe des positiven peinlichen Rechts, Erster Theil, Erfurt 1799, Nachdruck, Aalen 1966 (zitiert: Revision)

– Über die Strafe als Sicherungsmittel vor künftigen Beleidigungen des Verbrechers, Chemnitz 1800, gekürzter Neudruck bei Th. Vormbaum, Hrsg., Texte zur Strafrechtstheorie der Neuzeit, Bd. 2, Baden-Baden 1993, S. 1 ff. (zitiert: Strafe)

– Lehrbuch des gemeinen in Deutschland gültigen peinlichen Rechts, 14. Auflage, hrsg. von C. J. A. Mittermaier, Gießen 1847 (zitiert: Lehrbuch)

Fichte, J. G.: Grundlage der gesammten Wissenschaftslehre, in: Sämmtliche Werke, hrsg. von I. H. Fichte, Leipzig o. J., 1. Abtheilung, Bd. 1, S. 83 ff. (zitiert: WL)

– Grundlage des Naturrechts nach Principien der Wissenschaftslehre, in: Sämmtliche Werke etc., 2. Abtheilung, Bd. 1, S. 1 ff. (zitiert: Naturrecht)

– System der Sittenlehre nach den Principien der Wissenschaftslehre, in: Sämmtliche Werke etc., 2. Abtheilung, Bd. 2, S. 1 ff. (zitiert: System)

Forsthoff, E.: Der Staat der Industriegesellschaft, München 1971

Fries, J. F.: Philosophische Rechtslehre und Kritik aller positiven Gesetzgebung, Jena 1803, Nachdruck, Leipzig 1914

Fukuyama, F.: Das Ende der Geschichte, München 1992

Gehlen, A.: Der Mensch. Seine Natur und seine Stellung in der Welt, 13. Auflage, Wiesbaden 1986 (zitiert: Mensch)

– Urmensch und Spätkultur, 2. Auflage, Frankfurt am Main / Bonn 1964 (zitiert: Urmensch)

Geiger, Th.: Vorstudien zu einer Soziologie des Rechts, Neuwied am Rhein / Berlin 1964

Hegel, G. W. F.: Differenz des Fichteschen und Schellingschen Systems der Philosophie, in: Sämtliche Werke, Jubiläumsausgabe in 20 Bänden, hrsg. von H. Glockner, Stuttgart, Bd. 1, 1958, S. 33 ff. (zitiert: Differenz)

– Philosophische Propädeutik, Erster Cursus: Unterklasse. Rechts-, Pflichten- und Religionslehre, in: Sämtliche Werke etc., Bd. 3, 1949, S. 23 ff. (zitiert: Propädeutik)

– Phänomenologie des Geistes, in: Sämtliche Werke etc., Bd. 2, 1964 (zitiert: Phän)

– Grundlinien der Philosophie des Rechts oder Naturrecht und Staatswissenschaft im Grundrisse, in: Sämtliche Werke etc., Bd. 7, 1952 (zitiert: Rph); handschriftliche Zusätze zitiert nach: Werke in 20 Bänden, hrsg. von E. Moldenhauer und K. M. Michel, Bd. 7, Frankfurt am Main 1970 (zitiert: Rph, hZ)

– System der Philosophie, Teil 3, Die Philosophie des Geistes, in: Sämtliche Werke etc., Bd. 10, 1958 (zitiert: Enz)

– Vorlesungen über die Philosophie der Geschichte, in: Sämtliche Werke etc., Bd. 11, 1949 (zitiert: Geschichte)

His, R.: Das Strafrecht des deutschen Mittelalters. Erster Teil, Die Verbrechen und ihre Folgen im allgemeinen, Leipzig 1920

Hobbes, Th.: Leviathan oder Stoff, Form und Gewalt eines kirchlichen und bürgerlichen Staates, hrsg. von I. Fetscher, Frankfurt am Main 1984

Kant, I.: Kritik der reinen Vernunft, in: Werke in sechs Bänden, hrsg. von W. Weischedel, Darmstadt 1963, Bd. 2, (zitiert: KrV)

– Grundlegung zur Metaphysik der Sitten, in: Werke etc., Bd. 4, S. 7 ff. (zitiert: GMS)

– Kritik der praktischen Vernunft, in: Werke etc., Bd. 4, S. 103 ff. (zitiert: KpV)

- Zum ewigen Frieden. Ein philosophischer Entwurf, in: Werke etc., Bd. 6, S. 191 ff. (zitiert: Frieden)
- Die Metaphysik der Sitten, in: Werke etc., Bd. 4, S. 303 ff. (zitiert: MdS)
- Über ein vermeintes Recht aus Menschenliebe zu lügen, in: Werke etc., Bd. 4, S. 635 ff. (zitiert: Recht)

Kelsen, H.: Reine Rechtslehre, 2. Auflage, Wien 1960

Kersting, W.: Die politische Philosophie des Gesellschaftsvertrags, Darmstadt 1994

Kojève, A.: Hegel. Eine Vergegenwärtigung seines Denkens. Kommentar zur Phänomenologie des Geistes, hrsg. von I. Fetscher, Stuttgart 1958

Koselleck, R.: Kritik und Krise. Eine Studie zur Pathogenese der bürgerlichen Welt, 7. Auflage, Frankfurt am Main 1992

Locke, J.: Ein Brief über Toleranz, übersetzt, eingeleitet und in Anmerkungen erläutert von J. Ebbinghaus, Nachdruck der 2. Auflage, Hamburg 1975 (zitiert: Toleranz)
- Zwei Abhandlungen über die Regierung, hrsg. von W. Euchner, 4. Auflage, Frankfurt am Main 1989 (zitiert: Abhandlungen)

Luhmann, N.: Soziale Systeme. Grundriß einer allgemeinen Theorie, Frankfurt am Main 1984

Mommsen, Th.: Römisches Strafrecht, Leipzig 1899

Pawlik, M.: Der rechtfertigende Notstand. Zugleich ein Beitrag zum Problem strafrechtlicher Solidaritätspflichten, Berlin / New York 2002

Prinz, W.: Willensfreiheit als soziale Institution, in: Th. Hillenkamp, Hrsg., Neue Hirnforschung – Neues Strafrecht?, Baden-Baden 2006, S. 51 ff.

Rousseau, J.-J.: Über den Ursprung der Ungleichheit unter den Menschen, in: Schriften zur Kulturkritik, hrsg. von K. Weigand, 2. Auflage, Hamburg 1971, S. 77 ff. (zitiert: Ungleichheit)
- Staat und Gesellschaft. „Contrat Social", übersetzt und kommentiert von K. Weigand, München 1959 (zitiert: CS)
- Emil oder Über die Erziehung, besorgt von L. Schmidts, 7. Auflage, Paderborn / München / Wien / Zürich 1985 (zitiert: Emile)

Schmitt, C.: Der Leviathan in der Staatslehre des Thomas Hobbes. Sinn und Fehlschlag eines politischen Symbols, hrsg. von G. Maschke, Köln-Lövenich 1982

Spinoza, B. de: Tractatus Theologico-Politicus. Theologisch-politischer Traktat, hrsg. von G. Gawlick und F. Niewöhner, Darmstadt 1979

Thomasius, Chr.: Fundamenta Juris Naturae et Gentium, Halle / Leipzig 1718, Nachdruck, Aalen 1979

Tugendhat, E.: Vorlesungen über Ethik, Frankfurt am Main 1993

Vogel, Chr.: Vom Töten zum Mord, München / Wien 1989

Weber, M.: Wissenschaft als Beruf, in: Gesammelte Aufsätze zur Wissenschaftslehre, hrsg. von J. Winckelmann, 3. Auflage, Tübingen 1968, S. 582 ff.

Welcker, K. Th.: Die letzten Gründe von Recht, Staat und Strafe, Giessen 1813, Nachdruck, Aalen 1964

Wolff, Chr.: Vernünftige Gedanken von dem gesellschaftlichen Leben der Menschen und insonderheit dem gemeinen Wesen, 4. Auflage, Frankfurt / Leipzig 1736, Nachdruck, Hildesheim / New York 1975

Printed by Libri Plureos GmbH
in Hamburg, Germany